ネットの危険を正しく知る

ファミリー・セキュリティ読本

一田和樹

Family Security Handbook

Ichida Kazuki

目次

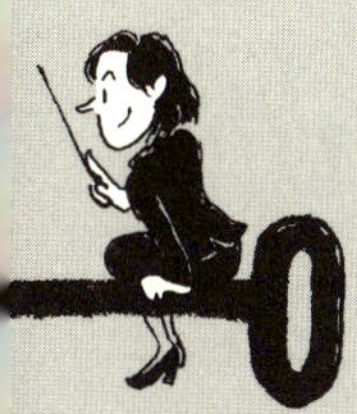

コラム

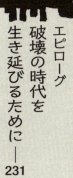

プロローグ

サイバー安全度チェック　あなたはいくつ該当しますか？

□アンドロイドのスマートフォン（スマホ）を使っている

□インターネット全体のルールを作って管理し安全を保とうとしている組織があると思っている

□やましいことがないから、警察に個人情報を見られたり、監視されてもかまわない

□スマホでネットバンキング、金融取引サービス（株式、ＦＸなど）を利用している

□仕事とプライベートで同じスマホを使っている

□パソコンにアンチウイルスソフトを入れていない

□パソコンを購入した時、無料でついてきたアンチウイルスソフトを更新せずに利用している

□同じパスワードを複数のサービスで使い回している
□ソーシャルネットワーク（フェイスブック、ツイッター、LINEなど）を利用している
□ネットゲームで課金している
□ネットでできる手軽なアルバイトがあればやってみたいと思っている
□ネットの広告を時々クリックする（大手サイトなど安全そうなものに限って）
□iCloud、OneDrive、Dropbox、Evernoteなどのクラウドサービスに大事な情報を蓄積している
□電子メールで文書、画像などの添付ファイルをよくやりとりする
□同居している子供がスマホを使用している
□サイバーセキュリティ専門家の言うことは信用できる
□親子の絆は強く、めったなことではなくならないと思っている

4個以上該当するとかなり危険です（くわしくは8ページ）。

第1章
避けられないネットの危険性と防衛策

まず、日常生活に潜む危険性と防衛策の基本をご紹介します。

インターネットを安全に使うための心得

第2章
個人情報漏洩、テロ集団の誘惑、薬物乱用、児童ポルノ、ネットいじめ ソーシャルネットワークは危険な地雷原

利用に当たってもっとも注意の必要な、LINE, ツイッター、フェイスブックなどのソーシャルネットワークの危険性と防御方法をご紹介します

第4章
サイバー冤罪事件は誰にでも起こりうる

日常生活に潜む見えない危険のひとつサイバー冤罪のくわしい内容をご紹介します

第5章
普及型サイバー犯罪の脅威

万引きより簡単。電子スリからサーバー攻撃まで 誰もが手軽にサイバー犯罪者になれる時代です。お子さんが犯罪に手を染める危険性と対策をご紹介します。

ネットに潜む危険と防御

第3章
基本的な防御のおさらいと情報収集の方法

身を守るための方法と、しておいた方がよい情報収集のやり方をご紹介します。

第6章
パスワード、認証

超人でなければできない管理の強要はいつまで続くのか？　インターネット利用の基本のひとつ、パスワードについて、その危険と限界、今後をご紹介します。

第7章
これってほんとに使って大丈夫なの？

スマホは穴の空いた財布、ネットゲームは犯罪者の狩り場　いまあるインターネットサービスの代表的なものを上げて、その危険性、依存性を整理します。

☑アンドロイドのスマートフォン（スマホ）を使っている

ネットを利用するには危険度の高い装置です。「穴のあいた財布」と思ってください。

くわしくは第7章

☑インターネット全体のルールを作って管理し安全を保とうとしている組織があると思っている

悲しいことにそんな組織は存在しません。

くわしくは第1章

☑やましいことがないから、警察に個人情報を見られたり、監視されてもかまわない

警察はあなた自身だけをチェックしているのではありません。あなたの近所や友人あるいは同じ学校、行きつけの店に問題となる人物がいたら、その時点であなたも要注意人物になってしまいます。

くわしくは第2章

☑スマホでネットバンキング、金融取引サービス（株式、ＦＸなど）を利用している

スマホそのものが危険なので、そこでお金にかかわる操作をするのは危険です。

くわしくは第7章

☑仕事とプライベートで同じスマホを使っている

仕事の情報が漏洩するなどの危険があります。

くわしくは第7章

☑パソコンにアンチウイルスソフトを入れていない

すぐにアンチウイルスソフトをインストールすることをお勧めします。

くわしくは第3章

☑パソコンを購入した時、無料でついてきたアンチウイルスソフトを更新せずに利用している

更新していないアンチウイルスソフトの効果は、なにも入れていないのとほとんど変わりません。

くわしくは第3章

☑同じパスワードを複数のサービスで使い回している

どこかでパスワードを盗まれると、芋づる式に攻撃される危険があります。

くわしくは第6章

☑ソーシャルネットワーク（フェイスブック、ツイッター、LINEなど）を利用している

ソーシャルネットワークはあなた自身の情報と行動特性を販売してビジネスにしています。あなたはソーシャルネットワークの客ではなく、彼らが広告主に売る商品なのです。あなたから、より多くの貴重な個人情報を入手し、広告主により高く売ろうとします。

くわしくは第2章

☑ネットゲームで課金している

ネットゲームは、ハッカーの攻撃のターゲットになっています。そこにお金にかかわる情報を登録するのは危険です。

くわしくは第7章

☑ネットでできる手軽なアルバイトがあればやってみたいと思っている

知らない間にサイバー犯罪を手伝うことになってしまうかもしれません。まさかと思っても騙される人は少なくないのです。

くわしくは第5章

☑ネットの広告を時々クリックする（大手サイトなど安全そうなものに限って）

広告経由でマルウェアを配布する、マルバタイジングと呼ばれる攻撃が増加しています。大手といっても広告をクリックするのは危険です。

くわしくは第1章

☑iCloud、OneDrive、Dropbox、Evernoteなどのクラウドサービスに大事な情報を蓄積している。

クラウドサービスに蓄積した情報は、盗難や破損といった危険があります。

くわしくはコラム「クラウドという名の時限爆弾」

☑メールで文書、画像などの添付ファイルをよくやりとりする

メールに添付したファイルからマルウェアを感染させる手口はもっとも一般的な攻撃方法です。日常的に添付ファイルを開いている人は危険です。

くわしくは第1章

☑同居している子供がスマホを使用している

同じ家の家族のスマホからさまざまなリスクが広がります。知らない間に、子供が食卓の様子を生放送している時代です。

くわしくは第2章

☑サイバーセキュリティ専門家の言うことは信用できる

多くのサイバーセキュリティ専門家は民間企業に属しており、その利益に反することは言わないものです。

くわしくは第3章

☑親子の絆は強く、めったなことではなくならないと思っている

そういう時代は終わりました。意識して絆を維持していかなければなりません。

くわしくは「エピローグ　破壊の時代を生き延びるために」

1章 避けられないネットの危険性と防衛策

他人事ではなくなったサイバー事件

ハッカー、サイバーテロ、ネット詐欺……インターネットの普及にともなってさまざまな新しいタイプの犯罪が行われるようになりました。変化が急速だったために、誰の身に起きても不思議ではない事件でも、「自分とは関係ない」と思ってしまいがちです。そもそも私たちは昨日と同じ明日が続くと、なんとなく信じて日常生活を送っています。その考え方でいけば、これまで犯罪被害に遭ったことのない人は犯罪を心配する必要がないことになります。でも、現実はそうではありません。

LINEのアカウントを乗っ取られたり、突然知人からLINEで買い物を頼まれたりした人もいるでしょう。サイバー犯罪は、すでに我々の日常に深く入り込んでいるのです。リアルの世界の犯罪のことを考えてみてください。家に泥棒が入ったり、事故に遭ったりすることを本気で怖がっている人はそんなに多くないと思いますが、誰でも玄関には鍵をかけています。サイバー空間でも、それと同じような自衛策が必要になってきているのです。まさか、と思ってもひととおりの備えをしておくことが、いざという時に助けになります。

自分にそんなことが起きるはずがない、と思わないことが最初の一歩です。むしろリアルの犯罪よりもサイバー犯罪の方がはるかに身近なのです。そのことをこれからご説明しましょう。

全てがネットにつながっている

家庭内では、パソコンやスマホ、テレビといった機器に加えて、電力会社のメーター（スマートメーター）などがサイバー空間につながっています。

家の外に出ると、公的サービスはもとより、スーパーマーケット、駅、ＡＴＭなどさまざまな民間サービスもサイバー空間に密接につながっています。

言葉を換えると、サイバー空間とのかかわりのないものは、ほとんどないというのが現在です。そして今後より多くのものがインターネットにつながってゆくでしょう。

家庭内、家庭外（社会全体）のサイバー空間との関係

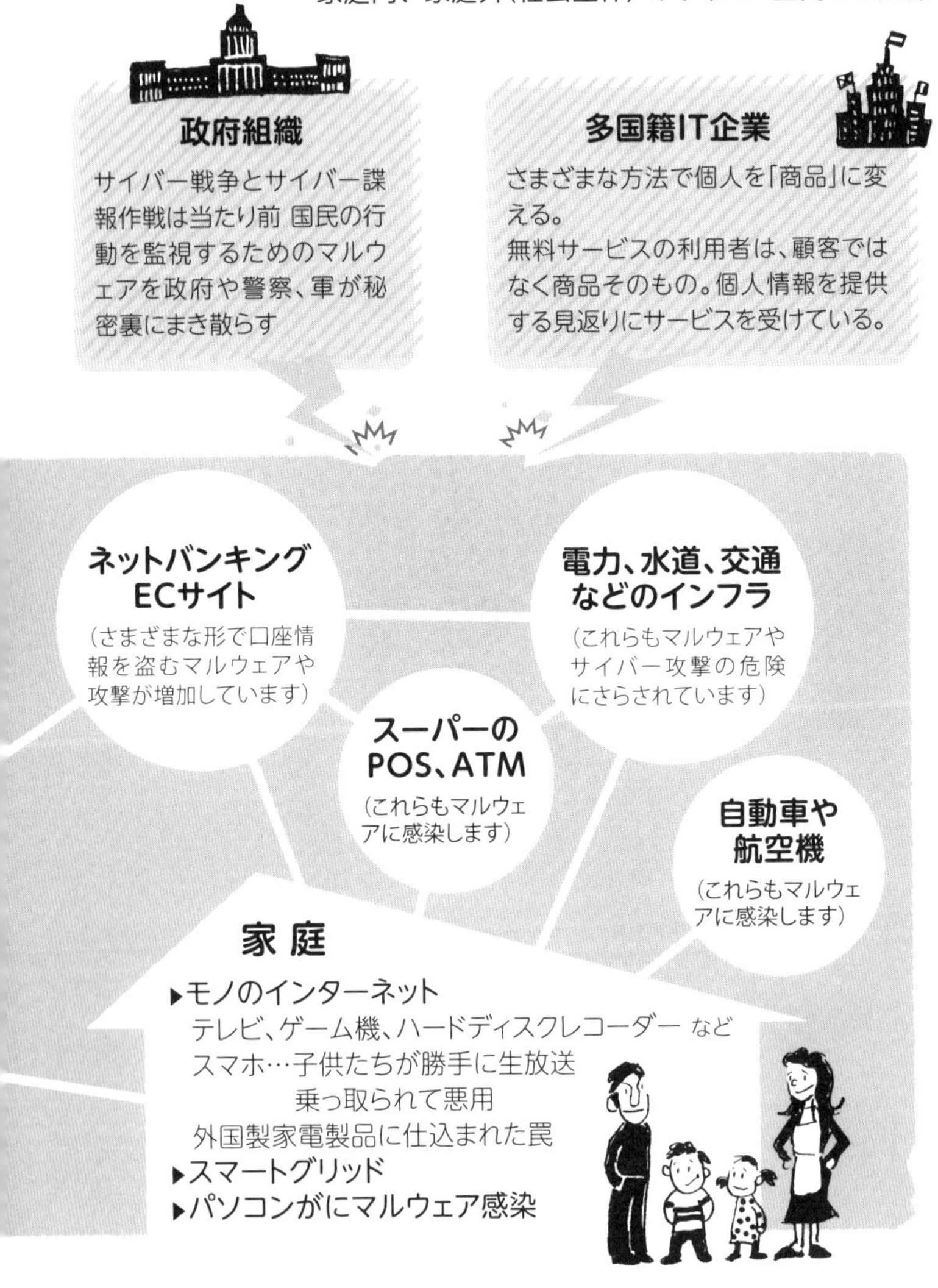
政府組織
サイバー戦争とサイバー諜報作戦は当たり前 国民の行動を監視するためのマルウェアを政府や警察、軍が秘密裏にまき散らす
多国籍IT企業
さまざまな方法で個人を「商品」に変える。
無料サービスの利用者は、顧客ではなく商品そのもの。個人情報を提供する見返りにサービスを受けている。
ネットバンキング
ECサイト
（さまざまな形で口座情報を盗むマルウェアや攻撃が増加しています）
電力、水道、交通
などのインフラ
（これらもマルウェアやサイバー攻撃の危険にさらされています）
スーパーの
POS、ATM
（これらもマルウェアに感染します）
自動車や
航空機
（これらもマルウェアに感染します）
家 庭
▶モノのインターネット
テレビ、ゲーム機、ハードディスクレコーダー など
スマホ…子供たちが勝手に生放送
乗っ取られて悪用
外国製家電製品に仕込まれた罠
▶スマートグリッド
▶パソコンがにマルウェア感染

サイバー犯罪集団

国境を越えて、さまざまな手段で攻撃 大規模化、組織化、産業化

- 高度な知識と技術を持つプロが、開発キットを提供
- 開発キットを使って素人でも簡単にサイバー犯罪を実行

個人のサイバー犯罪者

罪の意識なく、手軽にサイバー犯罪を行える時代
万引きにサイバー犯罪がとって変わった

崩壊する社会基盤

- 変化に追いつけない法制度、警察組織
- サイバー冤罪多発
- サイバー戦争のターゲットになるインフラ
- ソーシャルシェアリングにとって変わられる既存インフラ
- サイバー犯罪多発
- ネットいじめ、児童ポルノなどの蔓延

ソーシャルネットワーク

LINE
ツイッター
フェイスブック
（さまざまな形で個人情報が拡散します）

インターネットサイト

大手検索サイト
クラウドサービス
情報サービス
（サイトそのものあるいは広告が改竄され、マルウェアを配信することもあります）

おさえておきたい基本用語

さらに詳しい話に入る前に、ここで基本的な用語をおさらいしておきましょう。

【マルウェア】

悪意ある活動をするソフトウェアの総称です。以前は、コンピュータウイルスと呼ばれていましたが、さまざまなタイプの悪さをするソフトがあるので、マルウェアと呼ぶようになりました。

【脆弱性】

ソフトウェアやシステムの弱点のこと。この弱点を攻撃することにより、狙ったシステムを停止させたり、情報を盗み出したり、遠隔操作したりできるようになります。日々、新しい脆弱性が発見され、それを利用した攻撃が行われています。

【ゼロデイ】

脆弱性が発見されてから、対処のためのツールなどが配布されるまでの空白の期間。この期間は、脆弱性を攻撃されると守る方法がないため、危うい状態となります。ゼロデイ脆弱性を利用した攻撃を、ゼロディ攻撃と呼びます。

【アンチウイルスソフト】

以前はコンピュータウイルスを検知、駆除するソフトウェアでしたが、最近では通信を監視するなど総合的な防御機能を提供するものに進化してきています。

【サイバーテロ サイバー攻撃】

主としてネットを介して行われる攻撃。具体的には、なんらかの方法で狙った相手のシステムに侵入し、情報を盗み出したり、システムを停止させたり、誤作動させたりします。アメリカのオバマ大統領が、「サイバー空間は第五の戦場である」と表現したように、その脅威は日増しに増大しており、核兵器なみの扱いになってきています。

サイバーテロやサイバー攻撃によって、電気、水道、交通機関、金融機関をマヒさせることは絵空事ではなく、リアルに起きているのです。

【アンダーグラウンド】

いわゆる闇社会。盗んだ個人情報や脆弱性情報、マルウェア開発キットなどが売買されています。今日では、産業構造が確立されており、組織だった形で活動しています。

モノのインターネット

IOT（Internet of Things）とはパソコン以外で、インターネットに接続できるスマホや家電製品などを指した言葉。急速に普及を続けているものの、さまざまな問題が指摘されており、サーバ攻撃のターゲットにされています。

マルバタイジング

２０１３年年末から２０１４年1月にかけて、米国ヤフーにマルウェアが掲載され、欧州の利用者が感染するという事件が起きました。これはヤフーの広告配信サーバが悪用され、広告ではなくマルウェアを配信するようになっていたためと言われています。２０１４年10月には動画配信サイトＹｏｕＴｕｂｅの広告枠からマルウェアの感染が広がりました。

このように広告枠からマルウェアを配信することをマルバタイジングと呼びます。マルウェアとアドバタイジング（広告）を組み合わせた造語です。

ヤフーやＹｏｕＴｕｂｅのような大手サイトであっても、マルバタイジングの温床となることがあるのです。大手サイトだからといって安心できる時代は終わったことを、この攻撃手法は端的に示しています。

こんなにあるインターネット接続機器

インターネットとの関わりと聞くと、ほとんどの人はパソコンを思い浮かべるでしょう。少しわかっている人なら、スマホやゲーム機をあげます。さらにわかっている人は、ハードディスクレコーダーやカーナビなどをあげるでしょう。

でもそれはほんの一部に過ぎません。電気、水道、ガス、交通、放送といった重要インフラもいまやインターネットやサイバー空間と深くかかわっています。

2006年、アメリカはオリンピックゲームと呼ばれる秘密作戦をイスラエルと共同で開始しました。イランの核兵器開発を食い止めるために、関連施設をマルウェアによって攻撃し、使用不能にする計画でした。計画は成功し、イランの施設は大きな損害を被りました。この事件は、多くの人々のサイバー攻撃への認識を変えました。それまでは、サイバーセキュリティ専門家ですら、サイバー攻撃で核施設を破壊するなど絵空事だと考えていたのです。

重要インフラへのサイバー攻撃は年を経るごとに増加しています。トレンドマイクロは、2013年8月26日に『産業制御システムへのサイバー攻撃 実態調査レポート第二弾』と題するレポートを公開しました。3か月間の調査で16か国74件の攻撃を観測した結果、水道や電力、工場の制御システムに対する攻撃が日常的に行われていると指摘しています。重要インフラへの攻撃は、そのままみなさんの日常生活に影響します。電気や水道を使えない生活を想像できますか?

インターネットが急速に普及して、私たちの世界は大きく様変わりしてしまったのです。変化はとどまるところを知りません。ホームオートメーションやスマートグリッドといった新しい装置が普及のきざしを見せています。ホームオートメーションが普及すれば、家庭内のさまざまな機器をインターネットを経由して手軽にコントロールできるようになります。とても便利ですが、インターネットを介して危険ななにかがやってくるかもしれないことも意味しています。

スマートグリッドは、スマートメーターと呼ばれる多機能電力量計などの装置を配備、利用することにより、効率的な電力管理を行えるようにしたものです。家庭内の機器の多くが電気利用に変わり、自動車も電気利用に変わってくれれば、それらを統合的に管理できるようになります。そして脅威もまた統合的になるのです。

あなたを狙っているのは誰なのか?

では、いったい誰があなたの家庭を襲うのでしょうか? リアルの犯罪ならば、泥棒などの犯罪者があなたの家を狙います。組織だったものもありますが、何万人、何十万人を同時に狙ったものは、ほとんどないでしょう。近年流行っている振り込め詐欺は電話専門要員を配置し、電話をかけまくっているそうなので組織だっていますが、それでも人間のすることです。数に限りがあります。一度の攻撃で狙える数が限られるということは、あなたが被害に遭う確率も制限されるということになります。

一方、最近のサイバー犯罪は組織化されており、一度に数多くの利用者をターゲットにします。インターネットは、誰でも世界に情報発信できるようにしてくれましたが、同じように犯罪者の攻撃も手軽に世界中あるいは日本中の人々をターゲットに攻撃できるようになってしまったのです。

多くのマルウェアは、感染を開始したら自動的に世界中を標的にした攻撃を繰り返します。あなたがインターネットを利用する時、これらの攻撃を受ける可能性が常にあるのです。

これまでは世界的に見てマイナーな言語である日本語が障壁となって海外の犯罪者の侵入を阻んでいてくれていたのですが、日本は美味しい狩り場だと気づいた海外のサイバー犯罪者たちがこぞって日本を狙い出しました。昨年から日本のネットバンキング利用者を狙ったマルウェアが続々と発見されています。ネットを利用している限りは、注意しすぎるということはありません。

あなたを狙うサイバー犯罪者は、どんな人たちなのでしょう？

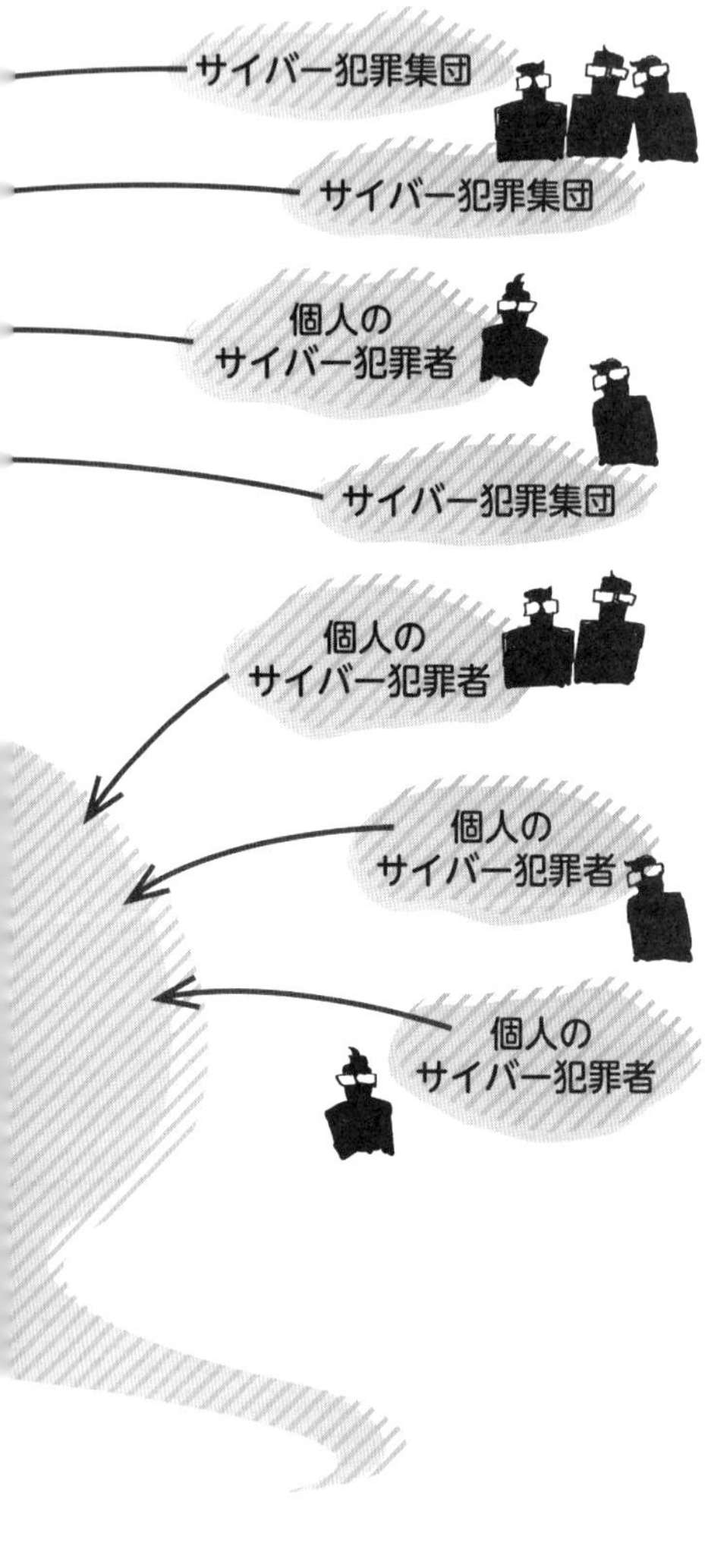

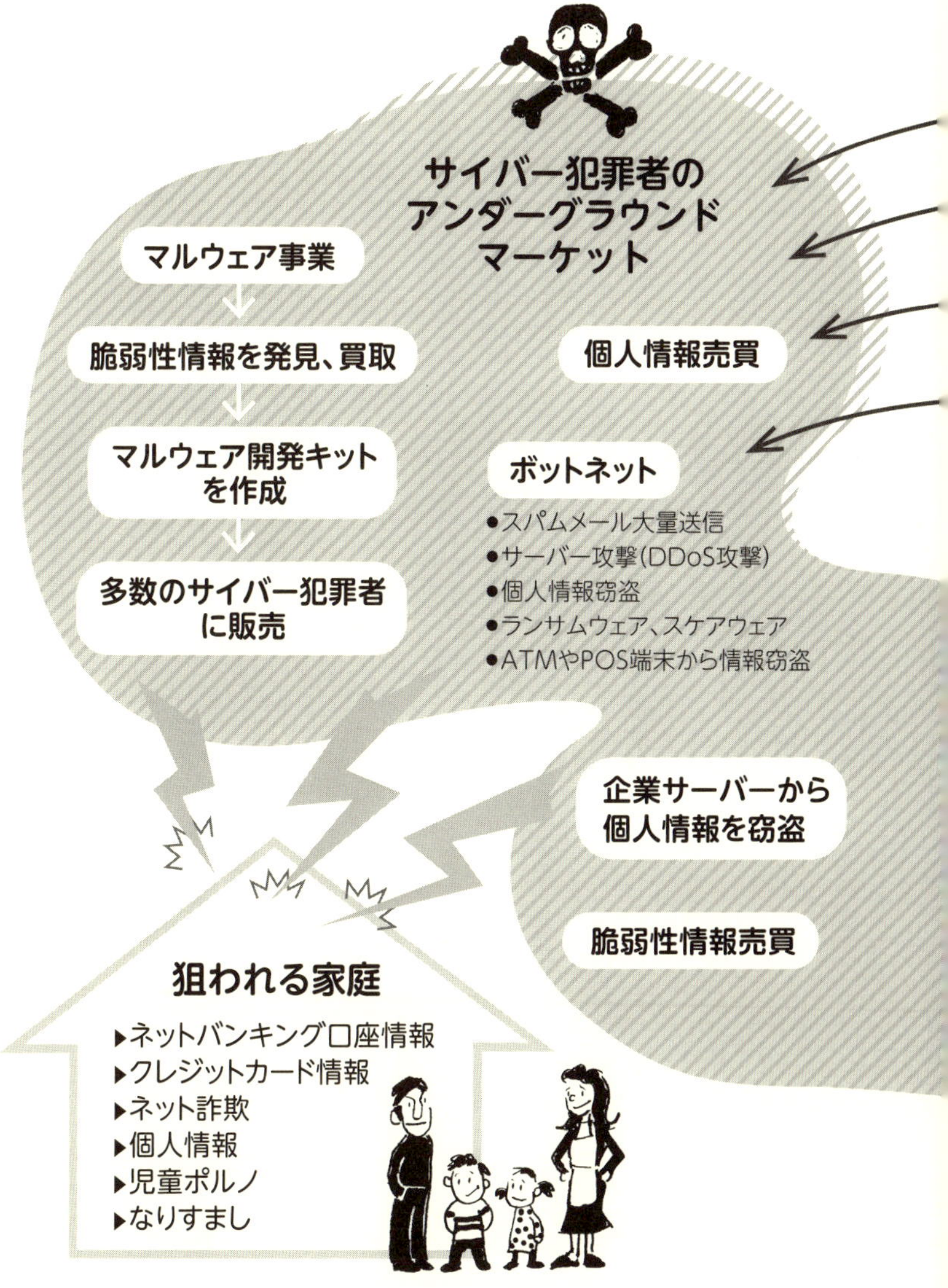
サイバー犯罪者の
アンダーグラウンド
マーケット
マルウェア事業
脆弱性情報を発見、買取
マルウェア開発キット
を作成
多数のサイバー犯罪者
に販売
個人情報売買
ボットネット
●スパムメール大量送信
●サーバー攻撃(DDoS攻撃)
●個人情報窃盗
●ランサムウェア、スケアウェア
●ATMやPOS端末から情報窃盗
企業サーバーから
個人情報を窃盗
脆弱性情報売買
狙われる家庭
▶ネットバンキング口座情報
▶クレジットカード情報
▶ネット詐欺
▶個人情報
▶児童ポルノ
▶なりすまし

その1 サイバー犯罪組織

チームを組んであなたのパソコンやスマホから大事な情報（クレジットカード情報、オンラインバンキング情報など）を盗み出したり、遠隔操作で悪用したりするような犯罪集団です。国際的なサイバー犯罪者が日本人のパソコンやスマホを狙っています。

その2 政府

意外に思うかも知れませんが、海外の政府機関（もしかしたら日本政府も）があなたを狙うこともあります。彼らは犯罪者ではありませんが、あなたの情報をのぞき見て、盗み、悪用することもあります。あなた自身に特別なものがなくても、取引先や知人、親戚に彼らの標的になるような政府関係者、科学研究者、反体制派、人権擁護活動家などがいた場合は、その人を攻撃するための踏み台として利用される危険があります。あなたのパソコンやスマホを乗っ取って、あたかもあなたが出したようなメールやソーシャルネットワークのメッセージを標的に送りつけるのです。もちろんそこには、情報を盗み出すための仕掛けがついています。

数年前から、各国政府がサイバー諜報活動を行っていることを暴露するニュースが相次ぎました。

自国の国民を監視するために、こうした活動を行っている政府もあります。日本だって、いつそうなるかわかりません。いや、もうすでになっているのかもしれません。

その3 個人のサイバー犯罪者

ハッカーというと孤高の犯罪者のイメージがありますが、最近では組織犯罪がほとんどです。そうでない場合でも、サイバー犯罪を仕掛けるためのツールを購入して犯行に及ぶ人が多いため、厳密に個人の犯行とは言いがたくなっています。サポートサービスやサポートコミュニティまでついているサイバー犯罪ツールは珍しくありません。

攻撃の方法

こうした攻撃者たちは、どのような方法で攻撃してくるのでしょう?

電子メールに添付するなどの方法でマルウェアを送り込んでくるのが基本です。

マルウェアには次のようなものがあります

【コンピューターウイルス】

パソコンやスマホなどに感染を広げるソフトウェア。次から次へと感染してゆき、悪さをします。悪意のあるソフトウェアをインストールされてしまうことを、俗に感染すると表現します。すでに存在するプログラムに感染のためのプログラムを書き込みます。

【スパイウェア】

インストールすると、さまざまな情報を盗むソフトウェア。便利ソフトを装って配布されていることもあり、そのような場合は利用者が自らインストールしてしまいます。また、密かに感染します。

【トロイの木馬】

電子メールの添付ファイルを開く時など、様々な経路を通じて、密かにパソコンやスマホなどに感染する。感染した後も、持ち主には気づかれないように犯人と通信を行い、遠隔操作したり、情報を盗み出したりします。ネットバンキングのIDとパスワードやクレジットカード情報などが盗まれると経済的な被害が発生します。

【ランサムウェア】

パソコンやスマホに感染して使えないようにしてしまい、使えるようにしてほしければ金を払えと命ずる、身代金要求型のマルウェアです。

もしも攻撃されてしまったら、どんなことが起きるのか？

不幸にしてサイバー犯罪の餌食になってしまった場合、どんなことが起きるのでしょうか？　さまざまな可能性がありますが、代表的なものをいくつかご紹介しましょう。

経済的な被害を受ける

ネットバンキング情報やクレジットカード情報を悪用され、経済的な損害を受けることがあります。実際に、ネットバンキングの不正送金被害は急増しており、今後も増え続ける見込みです。

ネットバンキングやネットでのクレジット決済をしていなくても、サイバー犯罪の被害に遭うことがあります。スーパーマーケットのＰＯＳレジや持ち運びできるＰＯＳ端末に感染してクレジットカード情報を盗むマルウェアや銀行のＡＴＭから情報を盗み出す攻撃があります。

銀行口座やクレジットカードを持っている全ての人が被害に遭う可能性があると思った方がよいでしょう。

これ以外にも、あなたを脅かして送金するように命令するマルウェアなど、さまざまな方法でサイバー犯罪者たちはあなたから金品を奪い取ろうとします。

知らない間に遠隔操作され、犯罪に加担させられる

自分のパソコンやスマホを知らない間に、遠隔操作され、サイバー犯罪を実行させられてしまう可能性があります。２０１２年に日本で起きた事件では、犯人が複数のパソコンを遠隔操作してネット掲示板に犯行予告などを書き込みました。警察は遠隔操作されたパソコンの持ち主を犯人と考え、そのうち何人かを逮捕、拘留しました。幸いに、この事件では疑いは晴れましたが、あなたが捕まった時にも運よく疑いが晴れるとは限りません。

自分になりすまされて知人や取引先を攻撃してしまう

あなたになりすまして、マルウェアつきのメールを送るなどの攻撃を行うこともあります。あるいはＬＩＮＥやツイッターなどのソーシャルネットワークのあなたのアカウントを乗っ取って、あなたになりすまして、知人や取引先から金品や情報を巻き上げることもあります。被害が拡大し、周りの人々を巻き込んでしまった場合、本当は被害者とはいえ、非常につらい立場に立つことになります。

ネットいじめや嫌がらせのターゲットになる

ネットでいじめられて自殺した人もいます。ストーキングされることもあります。

テロリストあるいは犯罪予備軍として監視され、場合によっては拘留される可能性がある

日本政府が監視活動を行っている場合に起きることです。そんなバカなことがあるわけないと思うかもしれませんが、警察はとても簡単にあなたをテロリストや犯罪予備軍にし

てしまいます。

2010年10月に警視庁公安部外事第三課のものとされる内部情報がインターネットに流出しました。この中には、イスラム教徒および関係者についての詳細な個人情報がふくまれており、もっとも驚くべき点は、このファイルに含まれていた多くの人は「普通」の人々だったことです。イスラム教徒がよく行く飲食店や利用した旅行代理店なども対象になっていました。この資料がネットに流出したために、白い目で見られたり退職を余儀なくされる方々がいました。

あなたのご近所や取引先、お子さんの通っている学校や塾にテロリストもしくは犯罪者に近い人物がいた場合、あなたもその仲間にされてしまう可能性があります。そして、あなたはそのことを知り得ないのです。

これらは他人事ではありません。あなた自身がいつ被害者になってもおかしくないのです。

社会全体がネット利用前提へと変化

社会生活を送るために必要不可欠な行政サービスもインターネットを利用したものに変わってきています。やがて選挙すらも電子投票できるようになるでしょう。

日本では、2003年夏に、岐阜県可児市の市議選で本格的な電子投票が行われましたが、相次ぐシステム停止に集計結果が誤っていたなど問題が多発し、最終的に2005年7月に最高裁で選挙を無効とする判決まで出てしまいました。2014年には、電子投票の普及していたエストニアで、投票システムに悪用されかねない脆弱性があることが発見されました。全体の25％が電子投票していたというエストニアでは、重大な問題です。

行政サービスがオンライン化されることで、利便性は飛躍的に向上します。でも、それは同時にサイバー犯罪者にとっての利便性も向上するということなのです。

公的なサービスだけではなく、民間のさまざまなサービスも知らない間にネット化されています。

例えば、みなさんが毎日訪れるスーパーマーケットやコンビニのレジもネットにつながっており、悪質なマルウェアにＰＯＳレジシステムが感染して個人情報を盗まれることがあります。2013年11月27日から12月15日にかけて、アメリカの大手スーパーマーケットチェーン・ターゲットで大規模な個人情報漏洩があったことがわかりました。なんと7000万件もの個人情報（氏名、住所、メールアドレスなど）が盗み出されていました。これらはネットではなく店頭にやってきた利用客の情報でした。ターゲットは、アメリカを中心に1916店を展開するチェーンです。

その後、似たような手口でニーマンマーカスなど他の大手チェーン店でも情報が漏れていたことが判明しました。

ＰＯＳレジを狙ったマルウェアも開発され、販売されており、いまだに猛威をふるっています。

２０１３年3月20日、韓国では、複数の銀行のＡＴＭが停止し、放送局が放送不能に陥るというサイバーテロを受けました。

怖いのは、マルウェアだけではありません。２０１２年6月に国内の都市銀行3行のＡＴＭが突如利用できなくなる事件が起きました。３つの銀行が利用していたデータセンターで事故が起き、その影響を受けたためでした。

２０１４年には、２０００万件を超える個人情報が、通信教育大手のベネッセコーポレーションから漏洩していたことがわかりました。個人情報は内部から持ち出され、複数の名簿業者の手にわたりました。その名簿を利用した会社がダイレクトメールを送り出したため、不審に思った人々が問い合わせをして発覚したのです。

自動車や航空機、人工衛星までハッキングできる時代です。なにが起きても不思議ではありません。

こうした事件は枚挙にいとまがありません。家庭内だけでなく、社会生活全体がサイバー空間に飲み込まれているのが現代という時代です。

実は誰も安全管理していないインターネット

これほどまでに私たちの生活に深くかかわっているインターネットですが、責任をもって安全管理を行っている組織は存在しません。犯罪が起きた時に、警察は捜査を行いますが、インターネット全体の治安を維持する責任を持っているわけではありません。総務省は通信という観点でプロバイダやサービス事業者を監督していますが、それはインターネットそのものではありません。

事件や問題が起きた時に情報共有するための組織や、サイバー犯罪のための協力機構は存在します。しかし、それらはあくまでも部分的な協力組織であって、全体の安全管理をしているわけではありません。そしてもちろん今後の計画もできません。

日本だけがそうなのではなく、世界のどこにもそんな組織はないのです。この状態でインターネットが安全に運用されているわけがありません。

インターネット発祥の国であるアメリカは率先して、インターネットを管理してゆきたいと考えているようです。しかし、ここまで広がってしまったインターネットをひとつの国が管理してよいものかという議論もあります。政治的、軍事的にアメリカと微妙な関係にあるロシアや中国がさかんに、そういう話をしかけています。インターネットは、国際政治の戦略的存在であり、各国がそれぞれの思惑を持って口出ししているのです。おかげで、誰も全体の安全管理をしていない、できないという状況になっているわけです。「インターネットの安全を責任をもって実現しようとしている組織は存在しない」このことを頭においておきましょう。

こうした脅威から、どのように生活を守っていけばよいのでしょうか？　毎日、新しい脅威が生まれている時代です。これを守っていれば、大丈夫というものはありません。ここでは、基本的な心構えを説明するにとどめ、続く各章で個別にくわしく説明します。

自分の身は自分で守るという意識を持ちましょう

政府も攻撃者になるのです。警察や役所が守ってくれると考えない方がよいでしょう。遠隔操作で犯人に仕立てられたような場合、警察はあなたの敵となります。自分で考え、自分で動くことを基本にしましょう。

最新の情報をチェックしましょう

仕事や勉強、家事などで多忙な中、サイバーセキュリティの情報をチェックするのは大変なことです。流し読みで充分なので、代表的なサイバーセキュリティ情報のサイトを読む習慣をつけましょう。

近所で窃盗や強盗が相次いでいたら、誰でも用心するようにします。地理的な障壁を持たないサイバー犯罪は、ひとたび活動開始すれば世界中どこにいても標的にされてしまいます。自分の使っている機器や通信サービスを確認し、それを狙った犯罪をチェックするようにしましょう。

あらゆるものを疑ってみましょう

アンチウイルスソフトウェアを使っていても防げない攻撃はあります。世界的なセキュリティベンダ、エフセキュアのミッコ・ヒッポネン氏は、一部のアンチウイルスソフトウェアがブログの中で政府の作ったマルウェアを検知しないことをほのめかしました。アンチウイルスソフトウェアや他の情報で安全とされていても、「本当に安全なのか?」と疑問を持つようにしましょう。なにか不審な点、不自然なことがあったら、迷わず専門家に相談するなり、自分で確認するようにしましょう。

- 家庭内の機器、社会のインフラなどあらゆるものがインターネットにつながりつつあります。サイバー空間の脅威は、容易に家庭内に入ってきます。
- 誰でもサイバー犯罪の標的になり得、リアル犯罪よりも身近な危険です。
- サイバー犯罪の主流は組織犯罪であり、犯罪集団以外に政府もあなたを攻撃してくることがあります。
- サイバー空間では、誰もあなたを守ってくれません。自分で情報を集め、判断し、行動することが重要です。

セキュリティシミュレーション 1

仕事で多忙な桂木其他《かつらぎそのた》さんは、ネットバンキングを使うようになりました。さまざまな振り込みや残高確認を自宅のパソコンやスマホでできて非常に便利です。ほとんどのものは、クレジットカード決済できるのですが、家賃の振り込みや一部のネット商店など銀行振込でないといけないものがあります。

マルウェアや不正ログインなどのニュースをよく見かけるようになりましたが、桂木さんはあまり心配していませんでした。なぜなら、ワンタイムパスワードを使っていたからです。ワンタイムパスワードとは、文字通り1回しか使わないパスワードです。ログインのたびに新しいパスワードを使うので、仮にパスワードが盗まれても、同じものは二度と使えないので安心です。桂木さんの使っているネットバンキングでは、ワンタイムパスワードを採用しているのでした。

ある日、桂木さんが振り込みをするためにアクセスし、振り込み先などを指定して実行をクリックすると、「しばらくお待ちください」という画面が表示され、いつまで経っても画面が変わりません。おかしいと思い、いったん処理をキャンセルし、念のため口座を確認すると、見覚えのないところに勝手に送金されているではありませんか。しかも送金額は、桂木さんの口座残高全部です。

夜だったので、あわてて銀行の緊急連絡先に連絡し、送金を中止してもらい、事なきを得ましたが、ワンタイムパスワードを使っていたのに、なぜこんなことが起きたのかすぐにはわかりませんでした。銀行から簡単に説明は受けたのですが、よくわかりませんでした。とりあえずウイルスに感染しているらしいことはわかったので、最新のアンチウイルスソフトを使って検査し、見つかった怪しいものを削除しました。しかし、ウイルスに感染してもワンタイムパスワードを使っていれば安心だったはずです。

ネットでも調べてみましたが、どうもピンときません。そもそもいったいどういう経路でウイルスに感染したかがわかりません。怪しいメールを受け取ったこともないし、危なそうなアダルトサイトを見たこともありません。

その時、ネットにくわしい知り合いを思い出しました。加賀谷篠子《かがやとうこ》という派遣社員で、桂木さんの会社で半年間働いていました。なんとなく気が合って何度か一緒に食事し、この部屋に招いたこともありました。仕事をしている時は凛としてきちんとしているのに、酒を呑むと色っぽくなる落差が桂木さんにとって魅力的に映ったのです。先月、派遣期間が終わってからは会っていませんでした。もう一度会いたいと思っていたので、ちょうどよい口実にもなりました。

桂木さんは加賀谷さんと再会し、食事をしながら事件のことを相談しました。

「それはM I T B（Man-In-The-Browser）という攻撃ですね。技術的な説明はわかりにくいと思うので、簡単に説明しましょう。リアルタイムでI DやパスワードWを盗み、それを使って不正送金を行うんです。リアルタイムだから、ワンタイムパスワードも防ぐことはできないんです」

加賀谷さんは、話を聞くと即座に答えました。

「なんで？」

「ワンタイムパスワードは使い捨てるから安全ですが、MITBは使い捨てる前に使われてしまうんです」

「そういうことか。やっとわかった。いや、くわしいことはわからないけど、どういう仕掛けだったのかはだいたいわかった。でも、それって結局ウイルスのせいなんだろ？　感染した覚えないんだけど」

桂木さんがそう言うと、加賀谷さんは楽しそうにくすくす笑いました。

「いつ感染したかわかるなら、もともと感染しないでしょう」

「そりゃそうだけど、怪しい添付ファイルを開いたり、ヤバそうなサイトを見たりしてないんだけどなあ」

「検知できないウイルスも増えてますからね。なんとも言えません」

「そうなのかなあ」

桂木さんは納得できませんでしたが、自分よりくわしい加賀谷さんがそう言うからにはそうなのだろうと思いました。

ふたりは食事をした後、そのまま桂木さんの家に行きました。加賀谷さんが、そんなに納得できないならチェックしてあげると言って桂木さんのパソコンとスマホをチェックしました。桂木さんは、少し酔った頭でその様子をぼんやり見ていました。

翌朝、桂木さんの家を出た加賀谷さんは、電車に乗るとさっそくノートパソコンを取り出して、昨晩桂木さんのパソコンとスマホに仕込んだマルウェアを遠隔操作してみました。パソコンとスマホはちゃんと遠隔操作できました。カメラで部屋の様子を見られます。

「間抜けのくせにすぐに銀行に連絡するなんて生意気。でも、これで完全に桂木のパソコンとスマホはあたしのもの。すぐに行動するとばれるから、少し時間を置いて遠隔操作でたっぷりお金を吸い上げてやろうっと」

加賀谷さんはにっこり笑いました。

桂木さんのネットバンキングを狙ったウイルスも加賀谷さんが仕込んだものでした。桂木さんを撮った写真データをUSBメモリに入れて渡したのです。もちろん、そのUSBメモリにはウイルスが仕込んでありました。なにも知らない桂木さんがそのUSBメモリをパソコンにさすと、自動的にウイルスに感染し、パソコンにスマホを接続するとスマホにも感染するように出来ていました。

彼女は知り合った人のパソコンやスマホに、マルウェアを感染させ思うように操っていたのでした。これまで見つかったことはありません。これまで気づかれたことはありません。写真データを入れたUSBメモリは返してもらっていて証拠もありません。万が一、怪しまれたとしても、女性を自宅に招いてそこで感染したとは言いにくいでしょう。

コラム

『モノのインターネット』の利便性と危険性

難易度 ★★★

『IoT（Internet of Things）』は『モノのインターネット』のことであり、プリンタから冷蔵庫、自動車、照明器具までこれまでネットにつながっていなかったモノをインターネットに接続することを指します。家庭内にあるさまざまなモノがインターネットにつながることにより、遠隔操作と統合管理などが可能になります。

自分の家に車が近づくと自動的に照明と空調がついて、家から出ると照明と空調は停止、ロボット掃除機が掃除を開始するようになるのにさほど時間はかからないでしょう。個人の生活が便利になるだけではありません。その情報はサーバに集められ、最適な電力管理や近隣のコンビニなどの商店の在庫調整や広告活動などに使われるようになるでしょう。

とはいえよいことばかりではありません。インターネット経由で攻撃対象になることも意味しているのです。

２０１４年１月16日、家電製品を使って75万通のスパムメールが２０１３年11月23日から２０１４年１月６日にかけて送信されたというニュースが出ました。後日（２０１４

年1月27日)、シマンテック社によって誤報であることが判明しましたが、こうした脅威が実際に存在するのです。当たり前ですが、モノのインターネットもマルウェアのターゲットなのです。

日本でもコンビニの防犯カメラが乗っ取られ、遠隔操作され、攻撃命令を出していた事件が東京で発生しています。2013年11月には、ハッカーが日本国内の複数の複合機に侵入し、大量のプリントを行う攻撃を行いました。いつ、どこから、誰が、どのような攻撃してくるか見当もつかなくなっています。

もっとも危険なのは、モノのインターネットを狙う攻撃は、それほど難しいものではないということです。現在、世の中に出回っているモノのインターネットには安全面にあまり配慮していないものが少なくないのです。脆弱性が発見された時、パソコンならすぐに対処が行き渡りますが、モノのインターネットは放置されたままだったりすることがあります。

さらに悪いことに、脆弱性を放置したままのモノのインターネットを見つけるのも簡単なのです。SHODAN(ショーダン)というサーチエンジンを使えば、ネットに接続されているモノのインターネットを検索し、脆弱性のある製品を簡単に発見できます。

ただし、だからといってSHODANは高度なことを行っているわけではありません。

いくつかのサイトでは誤解して、闇グーグルなどと紹介しているし、CNN.co.jpやASCII.jpでは、最も危険とか裏情報とか銘打っていますが、この程度の情報はSHODANを使わなくても簡単に調べることができます。問題は、それくらいお手軽なサービスでも、深刻な問題を発見できるということです。

モノのインターネットは我々に利便性とともに、大きな脅威も引き連れてくるのです。そして、我々はその脅威に対処するすべを充分には持っていません。

2章

個人情報漏洩、テロ集団の誘惑、薬物乱用、児童ポルノ、ネットいじめ ソーシャルネットワークは危険な地雷原

個人情報と引き替えに無料のサービスを提供する、ソーシャルネットワーク

2013年、インターネットの歴史に残る大きな事件がありました。エドワード・スノーデンという人物が、携帯電話、ツイッター、フェイスブック、グーグル、スカイプなどの通信内容をアメリカの諜報機関が収集していることを暴露したのです。この人は、NSAの仕事をしていたこともあり、その内容は信憑性のあるものでした。莫大な機密資料を持ち出しており、驚愕すべき事実が書かれていました。

ここで重要なのは、アメリカ政府の諜報機関もソーシャルネットワークの情報を欲しがっていたという事実です。もはや国家機関よりも多国籍企業のネットサービスの方がより多く深い個人情報を持っているのです。そしてその個人情報は、彼らの商品として売買されています。

ソーシャルネットワークは我々の日常的なコミュニケーション手段となっており、その情報が漏れることは電話を盗聴されるくらい、あるいはそれ以上の個人情報の漏洩に当たります。氏名、住所、学歴、所属企業、活動領域、友人関係、家族関係など。クレジットカード決済を行っている人は、クレジットカード情報や購買性向も知られています。こう

した情報が、ソーシャルネットワーク企業に握られているのです。

さらにもうひとつ大きな落とし穴があります。ソーシャルネットワークは、リアルでは接点のない犯罪やテロ集団、咳止め薬ブロンや向精神薬薬物などといった身近な（薬局や通販で簡単に入手できます）薬物乱用などへの入り口となっているのです。

ソーシャルネットワークに潜む危険をざっと上げてみると左記のようなものがあります。

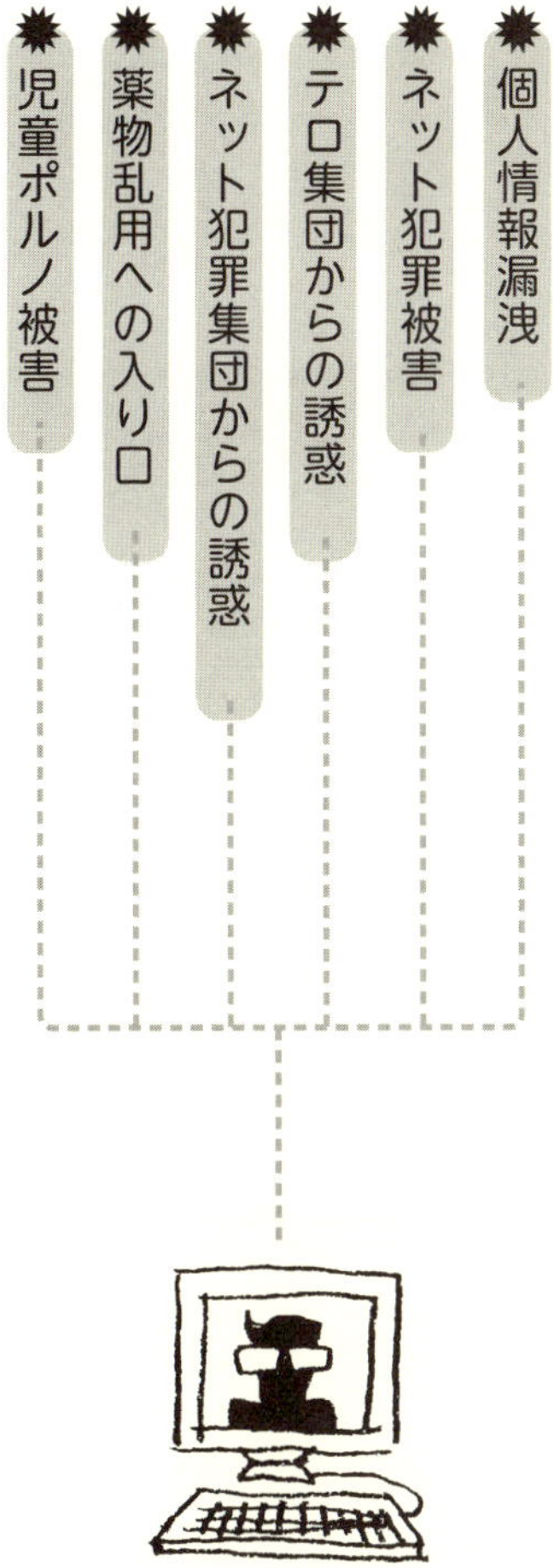

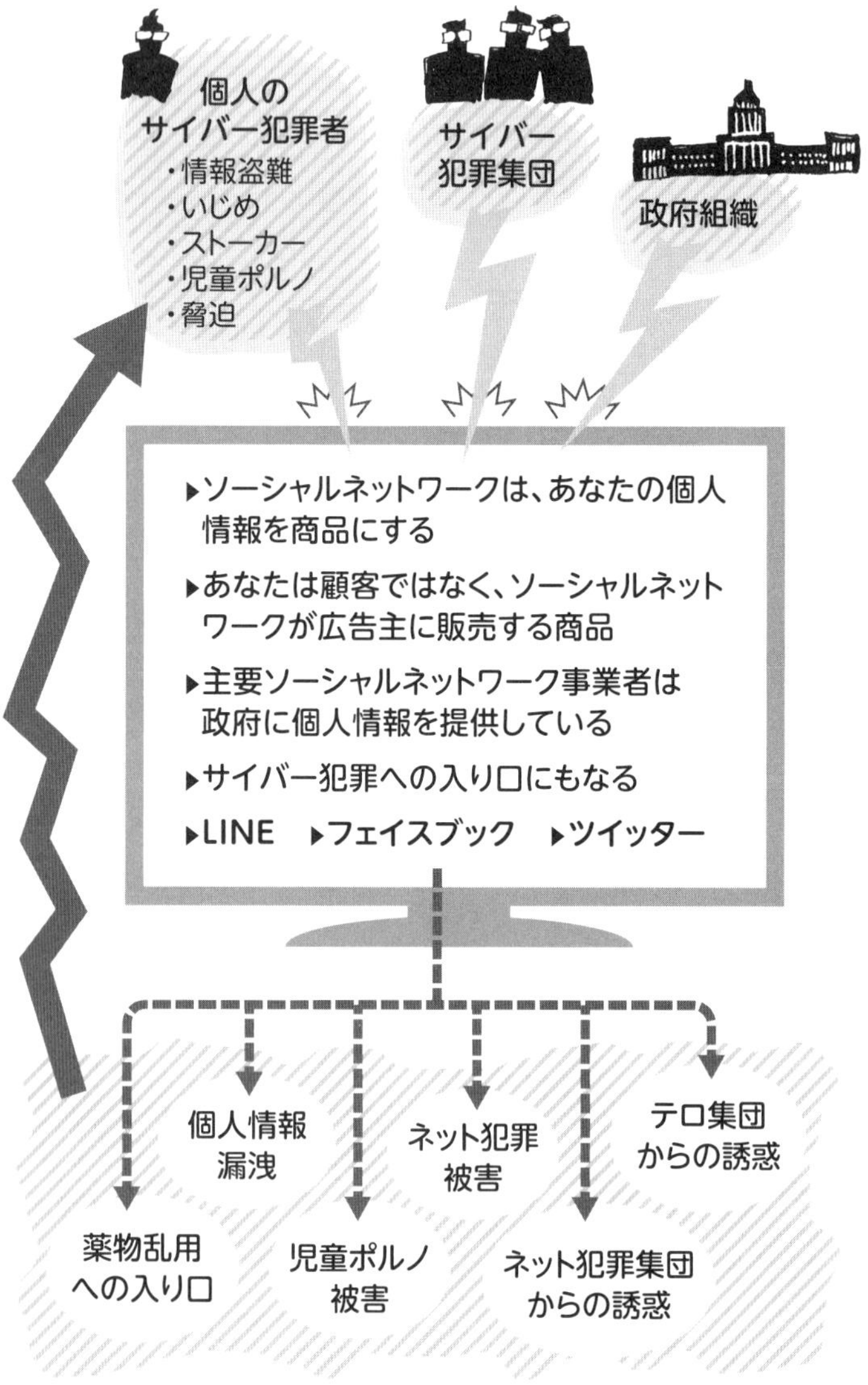
個人の
サイバー犯罪者
・情報盗難
・いじめ
・ストーカー
・児童ポルノ
・脅迫
サイバー
犯罪集団
政府組織
▶ソーシャルネットワークは、あなたの個人情報を商品にする
▶あなたは顧客ではなく、ソーシャルネットワークが広告主に販売する商品
▶主要ソーシャルネットワーク事業者は政府に個人情報を提供している
▶サイバー犯罪への入り口にもなる
▶LINE ▶フェイスブック ▶ツイッター
個人情報
漏洩
ネット犯罪
被害
テロ集団
からの誘惑
薬物乱用
への入り口
児童ポルノ
被害
ネット犯罪集団
からの誘惑

知っておきたい関連

? ソーシャルネットワーク

ソーシャルネットワークというのは一般名称で、具体的なサービス名を上げると、フェイスブック、ツイッター、LINEなどになります。利用者相互のコミュニケーションのサポートを中心としたサービスです。具体的に言うと、利用者が自分自身や知人などの情報の登録と共有、他の利用者の登録情報の閲覧と共有をしやすくすることです。

ソーシャルネットワーク以前の常識では、「インターネットには危険もあるから、個人情報などはあまり登録しない方が安全」でしたが、ソーシャルネットワークは、「自分や知り合いの情報をどんどんインターネット上に登録して共有しましょう」というサービスなので、これまでの常識を根底から覆しました。

ご存じのようにインターネット上の犯罪は年を追うごとに増加していますので、個人情報を登録することは以前と変わらず、あるいはそれ以上に危険です。ソーシャルネットワークは、そうした危険を顧みない大変危険なサービスです。それでも多くの人が使うのは、「知り合いが使っているから」という圧力と利便性のためです。

利用に当たっては、危険があることを理解した上で使う必要があります。みんなが使っているから安全なのではなく、みんなが使っているから犯罪のターゲットになりやすいと考えるべきです。

諜報機関

アメリカの諜報機関と言えばＣＩＡが有名ですが、それ以外にもＮＳＡなどの組織がありますす。２０１３年にエドワード・スノーデン氏が暴露したのは主にＮＳＡの秘密に関してでした。

みなさんは、こんな風に考えていないでしょうか？

諜報機関が情報収集するのは、なんらかの理由で危険人物と判断された人だけ
やましいことがなければ、情報を見られても平気

これは間違いです。諜報機関は全ての情報を入手し、その中から気になるものをピックアップします。ピックアップする基準は、あなた自身が危険人物だからだけではありません。危険人物と連絡を取ったことがある、近所に住んでいたことがある、同じ職場や学校に在籍したことがある、同じ地域の出身者である、同じレストランの常連である、などなどさまざまな形で接点のあった人物を探します。あなたは、同じマンションの同じフロアの人物がどんな人か知っていますか？　ツイッターのフォロワーやフェイスブックの友達の素性を全員知っていますか？　同じ地域の出身者を全員わかっていますか？　同じレストランや居酒屋の常連全員を知っていますか？　普通の人はわからないと思います。しかし諜報機関はそれも接点と考えて、あなたを要監視対象者リストにくわえることがあるのです。

それでも、あなたはまだそんなことは滅多にないと思っているでしょう。しかし、他人事ではないのです。

第1章でも触れましたが、2010年10月28日頃、警視庁公安部外事第三課などの資料がネット上に流出しました。その資料は、国際テロに関するもので、在日イスラム教徒に関する情報が掲載されていました。しかしその資料には、あまり関係のないイスラム教徒の知人や取引相手まで含まれていました。取引先と聞くとなにやら関係がありそうに聞こえますが、そこには飲食店や旅行代理店で接した人々も含まれていたのです。つまり、資料に掲載されていたほとんどの人はテロに直接関係ない人ばかりだったのです。

対象になった人々は、尾行された上でさまざまな情報をとられてしまいます。レンタカー会社やネット通販会社からの情報提供も明らかになりました。

この資料が流出した結果、資料に掲載されていた人は、「危険人物」とみなされ、店の売り上げが落ちたり、職場を首になったりしました。なぜなら多くの人は、「諜報機関が情報収集するのは、なんらかの理由で危険人物と判断された人だけ」「やましいことがなければ、情報を見られても平気」と考え、対象になった人には危険人物とみなされた理由があるか、やましいことがあったに違いないと考えたからです。

課報機関の活動は、普通に暮らす我々とは一見無縁に思えますが、実は非常に身近な脅威なのです。

なりすまし

ソーシャルネットワークは、あなた自身の人間関係でもあります。リアルな知人とつながっている人も多いでしょう。もしも、誰かがあなたになりすましたら、いったいどんなことになってしまうのでしょう。

リアルなら顔や声などで、すぐに別人とわかりますが、ネット上の文字だけのやりとりではあなたが本人かどうかわかりません。

他人になりすまして悪さをする事件も増えています。最近では、ＬＩＮＥのなりすましが有名です。ＬＩＮＥのアカウントのＩＤとパスワードを乗っ取り、本人になりすまして知り合いにコンビニで電子マネーを購入してきてほしいと頼むのです。文字だけですから、本人かどうか確認する方法は限られていますし、急いでいると言われるとたいした金額でもないので買ってしまった人もいるようです。

LINEの場合は、すでに存在するLINEのアカウントを乗っ取る方法でしたが、もっと簡単な方法もあります。ツイッターやフェイスブックのアカウントを持っていない人物を狙って、その人の名前でアカウントを作ってしまうのです。そして、その人の知人とつながってゆき、狙った人物になりすますことも可能です。

ソーシャルネットワークは、ある意味なりすましの温床と言ってもよいでしょう。

薬物乱用　ブロン、デパスなど

ソーシャルネットワークが薬物乱用の入り口となるケースがあります。落ち込んでいたり、いらいらしたり、眠れなくて困ったりしている時に、ネット上の知り合いに薬物を勧められて薬物を使い始めてしまうのです。

薬物というと怖いもの、簡単には手に入らないものというイメージがありますが、合法的に手軽に入手できるものも少なくありません。意外かもしれませんが、依存性のある薬物でも合法的に販売されています。

例えば、咳止め薬ブロンがそうです。以前から一部の咳止め薬を大量に摂取することでいわゆるトリップ状態に陥ることは有名でした。常用を始めるとなかなか止めることができなくなります。これらの咳止め薬は普通に薬局で購入することができるため、中学生や高校生が咳止め薬を常用するケースもあります。

それ以外にもデパスなど一部の向精神薬は通販（個人輸入代行サービス）で入手することができます。

こうしたものは、麻薬や覚醒剤と大差ありません。薬物ですから、副作用もあり、乱用は危険です。

一般に考えられているよりもはるかに簡単に薬物依存に陥ってしまうのです。ソーシャルネットワークは、普段知り合うことのない人々と出会える場ですが、それは同時にリアルなら知ることのなかった薬物に関する知識を得てしまう場でもあるのです。

咳止め薬や向精神薬は、麻薬や覚醒剤と異なり高額ではありません（決して安くはないですが）。そのため、高校生や大学生ならアルバイトの収入でまかなうことができ、家族にも気づかれにくいのです。気づいた時には、乱用による問題が表面化しています。

忘れられる権利

「忘れられる権利」とは、インターネット上に残されている個人データを本人の希望によって抹消する権利のことを指します。現在は主として、検索サービスで表示される検索結果から「忘れられたい」ものを削除してもらうことを指しています。

2014年に、EU司法裁判所は、グーグルに対してスペイン人男性の過去の記事へのリンクを検索結果から削除するように命じる判決を下しました。これが、インターネット上の権利として『忘れられる権利』が明確に認められた最初のケースです。

もともとEUはインターネット上のプライバシーに強い懸念を持っており、2012年の一般データ保護規則案には「忘れられる権利」がすでに盛り込まれていました。

判決を受けて、グーグルは『忘れられる権利』を守るための個人情報削除依頼フォームを設置し、対応を開始しました。

「忘れられる権利」には、いくつかの問題が指摘されています。

- 認めてよいものと、そうでないものの判別が非常に困難です。特に、公共の知る権利とプライバシーのバランスをとるのが難しいと言われています。
- 民間企業に過ぎないグーグルが、独自の基準で検索結果を検閲する権利を認めることになりかねません。

今後しばらくは議論が続きそうな課題です。

現代社会の麻薬
ソーシャルネットワーク

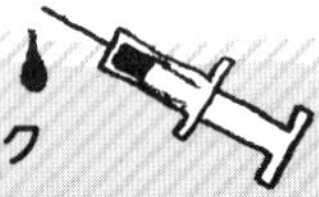

- 利用者は「顧客」ではなく、広告主に提供される「商品」
- ソーシャルネットワークは、個人情報拡散装置
  周囲の友人や家族があなたの個人情報を暴露しまくる
- 利用しないと阻害される=ソーシャルネットワークなしに生きられない時代
- 利用者の家族をエキストラに変えた=知らない間に家庭生活が生放送される
- 世界中のさまざまな人々と容易につながることができる

- □ソーシャルネットワークへの依存度を低くしておく
- □ソーシャルネットワークに登録する情報をできるだけ少なくしておく
- □他のサービスと連携しないようにしておく
- □家族の利用状況、依存度をチェックしておき、必要に応じて過剰な依存に陥らないよう注意する
- □決済サービスを利用しない
- □課金しない
- □できるだけ固有名詞を出さないようにする

特徴を知る

ソーシャルネットワークは、いくつかの特徴と危険があります。特徴を考えることで、その正体と危険を知ることができます。

第1の特徴 利用者は「顧客」ではなく、広告主に提供される「商品」

もっとも大きな特徴は原則無料ということでしょう。多くのインターネットサービスが無料なので、つい忘れがちですが、これだけ高機能なサービスがいくら使ってもタダなのです。その代わりにソーシャルネットワークは、広告をとって利益を得ています。その広告の多くは、あなたが関心を持っているものや、過去の行動や友人関係、個人属性などから推測して表示されています。関心を持っているもの、過去の行動や友人関係、個人属性は、あなたの個人情報です。ソーシャルネットワークを無料で利用する代わりに、個人情報を登録、更新し、広告に利用させていることになります。語弊を恐れず、わかりやすく言うと、無料サービスを受ける代わりに個人情報を提供していることになります。

よく言われることですが、ソーシャルネットワークサービスにおいて利用者は顧客ではなく、広告主に提供される商品なのです。

第2の特徴

ソーシャルネットワークは、個人情報拡散装置
周囲の友人や家族があなたの個人情報を暴露しまくる

ソーシャルネットワークに登録した個人情報は、運営会社を通じて広告主に提供されるだけではありません。他のソーシャルネットワーク利用者にも、個人情報は漏れてしまいます。あなた自身が書き込んだ内容や登録した写真や動画はずっと残り、検索できるようになります。タグがついていれば、さらに簡単に見つけることができます。

危険なのは、あなたが登録したわけではないあなたの個人情報が存在することです。友達があなたと一緒のところを写真に撮って掲載したり、あなたと会ったことや一緒にでかけたことを書いたり、あなたの仕事の内容や家族のことを書いたりすれば、それはそのまま他の利用者にも見えることになります。あなたができるだけ個人情報を書かないでおこうと気をつけても、あなたの友達や家族がどんどんあなたの情報を登録してしまうのです。

さらに恐るべきことに、ほとんどのソーシャルネットワークには共有し拡散する機能があります。例えば、友人のＡさんがあなたの家族構成について書いた記事を、Ａさんの知

人がシェアし、さらにその先にいる知人へ次々と紹介してしまうことがあります。あなたの知らない間に、あなたの家族に関する情報が瞬く間に数多くの人に共有されてしまいます。

とはいえ、人間関係は人間の生活の基本です。誰かがソーシャルネットワークを使い始め、使うように誘われたら断りにくいものです。メッセージを送られたら返信しないと悪いような気がする。一緒に出かけた時の記事を書かれたら「いいね！」を押して共有しないといけないような気がする。誕生日にはお祝いを言わないといけないような気がする。ソーシャルネットワークは、こうした人間の心理につけこんで利用を強制しています。

第3の特徴

利用しないと疎外される ソーシャルネットワークなしに生きられない時代

ソーシャルネットワークのやっかいな点は、広く普及しているために、逃れられないことです。例えば、仕事上フェイスブックがないと不便なことも多々ありますし、学校の連絡網にＬＩＮＥが使われていたりします。こうなると、個人情報を漏らしたくないから使わないと言っていると、周りからつまはじきにされかねません。

現代に生きる我々にとってソーシャルネットワークは、必要不可欠なコミュニケーション手段になっており、望むと望まざるとにかかわらず、他の人と円滑にコミュニケーションをとろうと思ったら、使わざるを得ないのです。

また、若年層では、リアルの友達よりもネットでの友達の方が多いことは珍しくなくなっています。友達に会うためには、ソーシャルネットワークを使わなければならないのです。

第4の特徴　利用者の家族をエキストラに変えた

ソーシャルネットワークは、家族を歪んだ形でインターネットに結びつけました。

家族はもっとも身近なよりどころですが、その一方で危険な面もあります。ネットを使い慣れない祖父や祖母が、安直に家族の写真をソーシャルネットワークに掲載したり、子供や孫の会社名や学校名を書いてしまうこともあります。

もっとも身近であるがゆえに、個人情報を豊富に所有しており、それをネットに拡散してしまう危険もはらんでいるのです。

その最たるものは、あらゆる場所で「生放送」をする子供たちでしょう。

ネットにはいろいろな生放送配信サービスがあります。パソコンやスマホ、タブレットのカメラだけで、手軽に自分の行動を動画や音声で配信することができます。そうした行為を「生放送」と呼んでいます。実際に生放送を視聴すると、中高生が自宅の自分の部屋や居間、あるいは学校の部室や教室から生放送をしています。自分や友人の顔を映し、周囲も撮影します。個人情報の共有をここまで極めるかというほどです。中には、メイクの最中に中継する女性や浴室から放送している女性もいます。

自宅の居間で放送している時、他の家族はそんなことをしているとは知りません。たくさんの赤の他人が視聴しているとは思わず、会話を続けており、それはそのままインターネットを通して放送されているのです。知り合いの家族や職場の同僚や上司、学校の教師に視聴されている可能性だってあります。

子供たちのプライバシーという概念は、大人である親と違います。気がつくと近所の人たちに、昨晩の献立から見ていたテレビ、最近の心配事や夫婦げんかの理由まで知られているということになりかねません。近所の人だけでなく、空き巣や犯罪者にも知られてしまいかねません。

みなさんのお子さんが、食事中スマホをいじっていたら、それは生放送しているのかもしれません。

中学生が家族の食事を生中継し、そこに母親や兄弟が参加することもあります。家族構成などさまざまな個人情報がリアルタイムに漏れるわけです。これは特別なことではなく、ごく当たり前に日本のいたるところで行われているのです。

生放送のようなプライバシー崩壊サービスは他にもありますし、これからも増えてゆくでしょう。

第5の特徴　世界中のさまざまな人々と容易につながることができる

ソーシャルネットワークは、年齢や地域の枠を取り払って、さまざまな人とつながることができます。一見よいことのように聞こえますが、マイナス面も数多くあります。

インターネットは時として悪意の集積装置（悪意のファネル）として働くこともあるのです。闇サイトあるいはアンダーグラウンドなどと呼ばれるサイトには、非合法な取引が行われています。実際にネットで殺人依頼して、相手を殺してもらった事件がすでに起きています。リアルに殺し屋を探すのは、一般人にとって至難の業ですが、ネットでなら、さほど難しくありません。

見つけやすいのは殺し屋だけではありません。

薬物乱用者に簡単に接触することができます

用語解説でくわしく説明しましたが、ソーシャルネットワークが薬物乱用の入り口になるケースがあります。合法的に簡単に入手できる咳止め薬や向精神薬の乱用には充分注意が必要です。

ネット犯罪、テロ集団の誘惑があります

リアルで犯罪集団やテロ集団と接点を持つことは滅多にありませんが、ネットでは好奇心で彼らのフェイスブックやツイッターを見ることで簡単に接点を持つことができます。

インターネット上の犯罪はとても簡単で、お金を得ることもできます。ゲームのお金ほしさについ手を染めてしまったり、いらいらしている時の八つ当たりにサイトを攻撃したりしてしまうこともあります。リアルで詐欺を働いたり、お店を破壊することはとても精神的なハードルが高いのですが、メールやメッセンジャーで人を騙したり、攻撃ツールでサイトを攻撃したりすることにはあまり抵抗がありません。罪の意識が薄いのはネット犯罪の特徴のひとつです。

イスラム国というテロ集団はフェイスブックやＹｏｕＴｕｂｅなどを駆使して世界中か

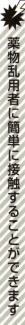

ら参加者を募っています。２０１４年10月、日本の大学生が誘いに乗ってイスラム国に参加しようとした事件が報道されました。犯罪集団、テロ集団が堂々とソーシャルネットワークで情報提供していることは珍しくなく、これらを通じて彼らを知り、接点を持って参加してしまう人もいるのです。

明確にテロ集団と言い切れないアノニマスのような集団もあります。アノニマスは世界的な組織ですが、その目的や活動内容は多岐にわたっており、ひとことで説明するのは困難です。社会思想活動の一種と考えた方が近いかもしれません。中東の民主化活動を応援するなど社会的な影響力も持っています。

日本のアノニマスは、法律を遵守することをうたっていますが、海外のアノニマスは必ずしもそうではなく、逮捕され、有罪となったメンバーもいます。

旧体制を破壊することは旧体制の定めた法律では違法であり、悪とされることもありますが、新しい社会にとっては善となります。その意味でアノニマスを単純によい悪いと言い切ることは難しいのです。

確実に言えるのは、自分の家族の誰かがアノニマスの一員になった場合、心配の種になるだろうということです。

アノニマスもソーシャルネットワークを活用して行動し、メンバーを増やしています。応援するにしても、反対するにしても、ソーシャルネットワークがその入り口になっていることは認識しておくべきでしょう。

ネットいじめに遭う危険があります

ネットいじめの問題は深刻になっています。ネット上で悪口を書かれるなどのいじめを受けた子供が自殺する事件が起きています。自殺にいたらないいじめは、かなりの数が発生していると思います。

ネットいじめの多くは、いじめられている本人の正体はわかっているのに、いじめている方の正体はわかりません。正体不明の複数の相手からずっと悪口を書かれたり、過去の恥ずかしい写真などを晒されたりしたら心に深い傷を負い、死を選ぶこともあるでしょう。

2008年10月、さいたま市の少女（当時14歳）がいじめを苦に自殺しました。転校先の学校の同級生から悪口をネットに書かれるなどの行為を受けたことが原因です。いじめた犯人が特定できていたにもかかわらず、自殺を止められなかったことに驚きます。

2012年10月、カナダの少女アマンダ・トッドさん（当時15歳）がネットでのいじめを苦に自殺しました。事の発端は些細なことでした。ネットでちょっと胸を見せてほしいと言われて、一瞬見せたのでした。その時の画像は記録され、言うことを聞かないと脅され、学校の知人などにも送付されてしまいました。ショックのあまり、心を病んだ彼女にネットでひとりの男性が近づき、慰めてくれるようになりましたが、実はそれは罠でした。彼女が男性に会いに行くと、男性は仲間と待ち受けていて彼女に暴力を振るったのです。さらにその時の写真もネットにアップされました。その後、リアルでもいじめを受け、引っ越しても止むことはなく、とうとう彼女は死を選んだのでした。死ぬ前に、事の経緯を説明した動画をＹｏｕＴｕｂｅにアップし、理解と再発防止を訴えました。

ネットいじめが原因と考えられる自殺は、イギリスやアメリカ、イタリア、カナダなどで起きており、世界に広がっています。有効な対策がない以上、これからも減ることはないでしょう。そして、ソーシャルネットワークは、ネットいじめのもっとも有効な道具なのです。

子供だけでなく、大人にも似たような問題が起きています。有名なのは、リベンジポルノと呼ばれる嫌がらせです。ふられた相手が腹いせに、つきあっていた頃に撮った相手の裸の写真などをネットに掲載することをリベンジポルノと呼びます。恥ずかしい写真を撮られないことが一番なのですが、つきあって一緒に過ごせばどうしても隙ができます。完全に防ぐことは困難でしょう。

児童ポルノの被害になる危険があります

児童ポルノや性的虐待などの問題も深刻です。ネットを利用している小中高生は、自分たちが性的商品として値段のついている存在であることをいやでも知ることになります。まずこのこと自体がかなり問題があります。自分たちをそのような目で見ている大人たちが少なからずいるということは、社会に対する認識を歪めてしまう可能性があります。

そうした大人たちからお金をもらうことはいたって簡単です。しかも、ネット上の仮想通貨やスタンプなどのハードルの低いプレゼントから始まって、じょじょに金額が上がり、それに対するお礼もそれなりのものになってゆきます。

新しいソーシャルネットワークの利便性と危険性

ソーシャルネットワークは日々進化しています。Airbnbというサービスは、部屋を貸したい人と借りたい人を結びつけるソーシャルネットワークです。借りる方はホテルよりも安価に泊まることができ、貸す方はあまっている部屋で収入を得ることができます。仲介業者がない分、手数料がかからず無駄がありません。

よいことずくめのように聞こえますが、果たしてそうでしょうか？　ここには大きなポイントがひとつ抜けています。安全です。ホテルなどの宿泊施設は、一定の安全基準があります。しかしＡｉｒｂｎｂで貸し出される部屋には、そんなものはありませんし、仮になにか問題が起きても責任をとってくれるかどうかわかりません。利便性と裏腹の危険性があるのです。

同様の問題をはらんだサービスに、Ｕｂｅｒがあります。タクシーを手軽に呼べるソーシャルネットワークです。タクシーでソーシャルネットワーク？　と思うかもしれません。厳密に言えば、これはタクシーではないのです。車でどこかに行きたい人と、車に乗せてあげてもいい人をマッチングするサービスです。タクシーでもあり、乗り合いバスでもあります。

大変便利で安価で利用できるため、急激な広がりを見せています。そのため、普通のタクシー運転手の仕事が激減し、ロンドンでは大規模な抗議行動まで起きました。

Ｕｂｅｒにも同じ問題があります。安全面についての保証がないのです。タクシーには安全基準があり、その基準を守らなければならない責任の所在もはっきりしています。その分、コストがかかるわけです。個人でなんのライセンスもなく、Ｕｂｅｒで人を自分の車に乗せる人はそのような安全基準に準拠していません。

＊なお、現在日本のＵｂｅｒは海外とは異なるシステムをとっており、右記とは事情が異なります。サー

ビスを開始したばかりということもあり、システムが変わることが考えられます。利用に当たっては事前にご自身でご確認ください。

今後、さまざまなものをマッチングし、共有するソーシャルネットワークが増えると思いますが、それはどんどん安全面がおろそかになってゆくということを意味します。宿泊施設やタクシーならまだよいですが、いずれ公共交通機関や電力サービスに代わるようなソーシャルネットワークが現れるでしょう。そうなった時、安価なソーシャルネットワークに人が流れ、社会全体のインフラはきわめて脆弱なものになります。

現代社会の麻薬　ソーシャルネットワーク

ソーシャルネットワークは、リアルな社会にとってかわり、人間関係の基礎になろうとしています。サービス範囲は広がり、通話やゲームから決済サービスまでをカバーしています。ネット上で必要なものは、ほとんどソーシャルネットワークから入手できるような時代になりそうです。ますますソーシャルネットワークなしには生きていけない時代へとなってきました。

その一方でソーシャルネットワークを利用するリスクは、どんどん高まっています。個人情報の漏洩から始まり、ネット詐欺、ネットいじめやリベンジポルノなど死に至るものまであります。そもそも自分を商品として売り渡している以上、そこには無限大のリスクが存在すると考えた方がよいでしょう。

人間関係、生命、財産などあなたを形作るものの全てを他人の商売に預けることのリスクをよく考える時期にきています。

使わないのがいちばん

これまで見てきたように、ソーシャルネットワークは使わなくても危険が及ぶ恐ろしいサービスです。しかし、それでもできるだけ使わない方がいいのです。なぜなら、登録してある情報が多ければ多いほど漏洩した時の危険は大きいからです。特に決済に関する情報は（ほとんどの場合）本人しか知りませんので、本人であるあなたが登録しなければ漏洩しません。

とはいえ、全く利用しないと社会から隔絶されることになりかねません。なにしろ、学校や会社の連絡がＬＩＮＥで来る時代です。必要最低限の情報を登録し、できるだけ依存度を低めておくしかないでしょう。

もっとも重要なことのひとつは、他のサービスとの連携を行わないことです。いろいろなネットサービスにログインする時、「ツイッターのアカウントでログインする」「フェイスブックのアカウントでログインする」といったメニューが出てくることがあります。あれが連携です。ソーシャルネットワークのアカウントでログインしてしまうと、そのアカウントなしには他のサービスが利用できなくなってしまう他、アカウントが乗っ取られた時に連携しているサービスもまるごと乗っ取られてしまいます。

ソーシャルネットワークのアカウントで他のサービスにログインできるのは非常に利便性が高いのですが、その一方で危険も高いということを覚えておいてください。

- ソーシャルネットワークへの依存度を低くしておく
- ソーシャルネットワークに登録する情報をできるだけ少なくしておく
- 他のサービスと連携しないようにしておく
- 家族の利用状況、依存度をチェックしておき、必要に応じて過剰な依存に陥らないよう注意する

正直言って、防御方法はあまりありません。なぜならソーシャルネットワークの危険というのは、悪用されることによる危険ではなく、正規のサービスにもともと存在するもの

だからです。普通に利用していて、一定の確率で起こる危険が、いままでより高い確率で発生し、誰もその保証をしてくれないのです。

人間関係を維持し、安価なサービスを求めたいと思ったら（たいていの人はそう思うでしょう）、その危険を負う覚悟で利用するしかありません。

最低限守らなければならない情報

利用に当たっては最低限守らなければならない情報を決めておき、それらはソーシャルネットワークや連携サービスには出さないようにするとよいでしょう。

- 決済サービスを利用しない
- 課金しない
- できるだけ固有名詞を出さないようにする（特に他人の情報をアップするときは慎重にする）

お金にかかわる情報はサイバー犯罪の恰好のターゲットになりますので、充分留意する必要があります。多くのソーシャルネットワークは、サービス内アプリやアイテムを有償で販売し、決済させようとしています。その誘惑に負けないようにしましょう。

固有名詞を出さないことも重要です。ただし、いくら自分が注意してもソーシャルネットワークでつながっている知人が漏らしてしまうこともあるので、限界はあります。

プライバシー不在の時代の子供たちに、どうやってプライバシーの重要性を伝えるか

現在の中高生は、物心ついた時からソーシャルネットワークが存在していました。そのため、プライバシーの概念もそれ以前とはかなり違うようです。個人情報が漏れることを恐れていません。

フェイスブックはもちろんのこと、ツイッターやＬＩＮＥでも本名や学校、住んでいる地域まで公開している子供は少なくありません。平気で自撮り写真も紹介しています。ツイキャスやニコ生と呼ばれる生放送配信サービスには、生放送を行っている中高生がたくさんいます。自宅の自分の部屋、帰宅途中、校内、風呂場などでスマホやパソコンを使って放送しているのです。

子供たちに、ソーシャルネットワークの危険性を早いうちによく伝えておかなければなりません。

- フェイスブック、ツイッター、LINEなどのソーシャルネットワークは、個人情報をたくさん登録し、共有することを勧めるサービスです。利用することは、個人情報を拡散させることとほぼ同じです。
- ソーシャルネットワークでは、利用者であるあなたは顧客ではなく、広告主に売られる商品です。個人情報がさまざまな形で、広告主の企業に流れることになります。
- あなたが個人情報を登録しなくても、家族や知人があなたの写真や氏名などの個人情報を登録、拡散することがあります。
- ソーシャルネットワークを介して、テロ集団や薬物乱用者、児童愛好者と知り合う可能性があります。
- ネットいじめやリベンジポルノの被害に遭う可能性があります。

●LINEの事件でわかるように、アカウントを盗まれ、なりすまされて悪用されることもあります。

●今の中高生は、ソーシャルネットワークにおいてプライバシーを露出させることに不安を感じない子が少なくありません。家庭の中の様子がネットで生放送されていても不思議はありません。注意が必要です。

セキュリティシミュレーション ①

内山謙《うちやまゆずる》さんは、高校時代の同級生から久しぶりにメールをもらいました。同窓会のお知らせだったのですが、そこに気になるひとことが書いてありました。

「ツイッターでフォローしてもらった時は驚いたよ」

内山さんはツイッターをしていません。どういうことだ？　と思ってその友達に自分がやっているというツイッターのアカウントを教えてもらいました。

アクセスしてみると、はっきり本名を出していないものの（〝うちぽん〟というハンドル名でした）、出身地やプロフィールはまさしく内山さんそのものです。フォローしている相手も内山さんの知人ばかりです。どういうことなんだ？　と相手に問いただそうと思ったものの、はっきり自分は内山謙だと名乗っているわけではありません。ヘタをすると単なる言いがかりになってしまいます。それに実害が出ているわけではないのです。仕方がないので、相手にプレッシャーを与えるために内山さん自身も本名でツイッターを始め、知り合いをフォローしてみました。そしてうちぽんのこともフォローしたのです。

その日の夜、内山さんが帰宅途中でツイッターを見るとうちぽんが家族と夕食を食べているとツイートしていました。麻婆豆腐とアボカドサラダです。でも、アボカド好きの息子が、先にアボカドを全部食べてしまったと書いています。どうやら中学3年生の娘と中学1年生の息子がいるようで、内山さんの家と全く同じ家族構成でした。薄気味悪いものを感じながら家に着いた内山さんを大変なことが待っていました。

その日の内山さんの家の夕食も麻婆豆腐とサラダでした。奥さんは内山さんを見ると、子供がアボカドを全部食べてしまったのでアボカドなしのアボカドサラダになったと説明しました。呆然と立ち尽くす内山さんを、奥さんと子供は不思議そうに見ながら食事を続けます。

監視カメラでも仕掛けてあるのだろうか？　と内山さんは思いましたが、ただのサラリーマンの自分を監視する理由がわかりません。いったい、誰がなんのためにどうやって自分の家を監視しているのだろう？　内山さんは青い顔で自分の部屋に荷物を置き、頭を抱えました。

いくら考えても偶然にしてはできすぎです。家族構成から食事の内容、アボカドを全部食べたことまでわかるわけがありません。もしかすると、家族の誰かが自分の素行を調べるために、やっているかもしれない。しかし奥さんはネットのことにはくわしくなさそうです。息子や娘が父親を監視するような理由はありません。

いやな気持ちのまま内山さんは、食卓について食事を始めました。

「アボカドサラダでアボカドがないってどういうことだ」

と内山さんが言うと息子が、

「ごめん」

と笑いました。その時、テーブルに置いたスマホの画面に、「息子がごめんって言ったけど納得できねえw」というツイートが表示されました。背筋が凍りました。誰かがリアルタイムで監視し、それをツイートしているのです。

「なんだこれは」

思わず声を上げると、家族全員が内山さんを見ました。

「誰かがこの家を監視してる」

内山さんがそう言うと、みんなはあからさまに、お父さん大丈夫なのかな？　という顔になりました。

「おい、妄想なんかじゃない。ほら、これを見てみろ。誰かがここのことを中継してるんだよ」

内山さんはそう言って、スマホを突き出し、ツイッターの画面を見せました。ちょうど、そこには、新しいツイートが表示されています。

――最近、被害妄想気味かもしれない。誰かが監視してるなんて、家族の前で言っちゃった。

「なにこれ？　お父さんのツイッター？」

息子が怪訝な表情を浮かべました。

「いや、違う。知らないヤツなんだ。この家を見ているみたいなんだよ」

「麻婆豆腐にサラダって、似てるけど、偶然じゃないの？」

娘は不思議そうな顔でツイッターの画面を見ていましたが、やがてなにかに気づいたようで、あわててテーブルの上に置いた自分のスマホを見ます。それから小声で、「誰かなにかした？　ヤバイよ。とりあえず切る」と言ってスマホを操作しました。

「なにやってるんだ？」

内山さんは娘の様子に気づいて訊ねました。

「なんでもない」

「なんでもないじゃないだろ。今、スマホでなにやってた？」

「なんでもいいじゃん。プライベートに口出さないでよ」

「姉ちゃん、ツイキャスだろ。あれでばれたんだ」

「なんだ、そのツイキャスってのは？」

「ネットの生放送。時々、ご飯食べながらとか、風呂入りながらやってるんだよ。オレはやめた方がいいって言ったんだけどさ」

「しょうがないじゃん。パパやママが変なことしゃべると、みんなに超ウケるんだもん」

「生放送？　ここで？　オレの家で？」

「別に珍しくないよ」

「やめろ」

「もう切った。パパ、うるさい」

「もうやっちゃダメだ」

「なんで？　みんな楽しみにしてるんだよ。いいじゃん。ママなんかこの間、私の代わりにしゃべってたよ」

「なんだって？」

「いいじゃない。別にねえ。遊びなんだから」

「だって……そうだ。それ誰が見てるんだ？　もちろん見てるのは友達だけなんだろうな」

「わかんない。さっきは30人くらい視聴してたけど、わかってるのは3人くらいかな。あれって誰が見てるかはわからないんだよね」

「もう絶対やっちゃダメだ」

「だから、なんで？　勉強教えてもらってるし、やめたら成績落ちるよ」

「勉強ってなんのことだ？」

「だから、リスナーの大学生の人が教えてくれるんだって、テストの答え合わせとかやったし」

「もしかして、そいつらお前の学校も知ってるのか？」

「あー知ってると思う。そいつらって、パパ失礼だよ」


埒があかないとは、このことです。でも、とりあえず家をどうやって監視していたかはわかりました。娘のツイキャスを観ていた誰かが、おもしろ半分に内山さんになりすましたのでしょう。

でも翌日、さらに驚くべきことが内山さんを待っていたのです。出社した内山さんに同僚が話しかけてきました。

「内山さん、いくら本名出していないからって、あれはマズイですよ。奥さんにばれたらどうするんです？」

その時、内山さんのスマホが鳴りました。見たことのない番号からの着信でしたが、内山さんは出てみました。

——ごぶさたしてます。ずっと待ってたのに。

「誰です？　誰なんです？」

――なんでわからないの？

「オレの知り合いなんですか？」

――知り合い……結婚の約束したでしょ。なんで忘れたふりなんかするの？

「結婚？　だってオレはもう結婚してるよ」

――奥さんと別れるって言った。

「人違いじゃないの？　ほんとにオレ？　そんなこと言うはずないんだけど」

――ウソつき。でもいくらしらばっくれても、こっちらはスクリーンショットがあるんだから。

「スクショ？　あっ、まさかＬＩＮＥのことか？」

――そう。

内山さんは以前ひまつぶしに掲示板でＬＩＮＥの出会いを求める書き込みを見つけて、声をかけたことがあるのです。どこそこで会おうとか、結婚しようとか盛り上がりましたが、しょせんはネット上のお遊びで実際に会うことなどないと思っていましたし、結婚なんかもってのほかです。完全に忘れていました。

――あたし、ずっと連絡待ってたんだよ。何度も連絡したのに返事なかったじゃん。

そうです。その場は盛り上がったものの、内山さんはすでに結婚して子供もいます。リアルに会うことなどできません。遊びだと思っていたのに、相手がしつこく連絡してくるので面倒になって放っておいたのです。

——ねえ。いつ離婚してくれるの？

「なに言ってんの？　するわけないじゃん。だってトークでちょっと話しただけでしょ。そんなんで離婚するバカいるわけない。常識で考えろよ」

——騙したんだ。復讐するよ。あたし、とことんやるからね。それでもいいの？

内山さんは、ぞっとしました。一瞬、相手に話を合わせてなだめようとも思いましたが、そんなことをしたらさらに深みにはまるだけだと思い直します。

「だから、常識で考えろっての！　オレは嫁も子供もいるんだぞ。そんなことできるわけない」

——わかった。覚悟しててね。

翌日から嫌がらせが始まりました。内山さんの会社には、内山さんがネットショップで発注したという物品が大量に届けられ、内山さんの家族の知人に内山さんと彼女が結婚の約束をしたスクショが送付され、ＹｏｕＴｕｂｅやツイッターに内山さんの家族の写真や動画が掲載されました。その中には娘さんが大学生とラブホテルで全裸で撮った写真なども含まれていました。

さらに、内山さんの会社にインターネットから攻撃が行われ、会社のサイトは動かなくなってしまいました。どうやら有料で攻撃を代行するサービスに依頼したようなのです。会社は警察に相談しましたが、攻撃サイトが海外にあることからすぐに対応するのは難しそうでした。

内山さんは会社でも家庭でも責められ、どんどん追い詰められてゆきました。なんとかしてやめさせたいのですが、相手の正体は全くわかりません。警察も頼りになりません。弁護士には解決には時間がかかると言われました。サイバーセキュリティ専門の会社に相談したら、高額の見積もりを出されて完全に行き詰まってしまいました。

とうとう奥さんや子供に、「その女と結婚すればいいじゃん。慰謝料と養育費くれるんなら、それでいいから早くなんとかしてよ」と言われてしまいました。

結局、内山さんは離婚し、会社を辞め、どこへともなく姿を消してしまいました。

コラム

ゼロデイ攻撃ではない、防御できないサイバー攻撃とは

難易度 ★★

世の中には、防御できないサイバー攻撃があります。これをやられてしまうと、お手上げというものです。厳密に言えば、全く打つ手がないわけではありませんが、防御の決め手がないと言った方が近いでしょう。

大きく分けると、ふたつの種類の攻撃があります。

1 ゼロデイ攻撃
2 ソーシャルエンジニアリング

ゼロデイ攻撃は、すでに1章でご紹介したように、対処方法のない脆弱性を攻撃するものです。いくつか対処する方法も考案されていますが、決め手になるものはまだありません。

ソーシャルエンジニアリングは、ＩＴ技術によらない攻撃手法です。巧みに騙しのテクニックを使って情報を集めて攻撃を行います。これは、特定の技術によらないため、根本的な対策は存在しません。

最初の手がかり、リアルと結びつけるための個人情報の探し方

ネットやソーシャルネットワークで検索

過去の書き込みや写真をチェックすると学校、職場、人間関係などを推定できる手がかりを得られることが少なくありません。おおまかな地域くらいまでなら、簡単にわかることは少なくありません。

本人に訊く

ネット上でフォロワーや友達になるのは難しくありません。ブログだったら、コメントを残せます。そこから少しずつ親しくなっていくという方法があります。

本人にダイレクトに本名や住所を訊けませんから、さりげなくおおまかな地域を訊いたり、祭りや学校などのイベントについて訊いたりすることで居住地域を絞り込んでいきます。

知り合いに訊く

フェイスブックやツイッターは、相手の友達やフォロワーを見ることができます。しらみつぶしにチェックして、住所や学校、職場につながる情報を確認します。

実行する人の腕次第ですが、ターゲットの友達に、電子マネーなどでお金を払って、ターゲットの情報を買い取るという方法もあります。何人かに当たれば、数千円くらいで本名や電話番号を入手できる可能性は低くありません。Ａｍａｚｏｎのギフト券などは、手軽で使いやすいと思います。ちなみに、犯罪利便性の高い電子マネーサービス、オンラインカジノのアカウント、フェイスブックギフト券なども使えます。

フェイスブックでターゲットの知人の友達になると、写真を含めた個人情報を見ることができるようになりますので、そこからじわじわと情報を集めてゆくこともできます。

ソーシャルネットワーク連携ソフトをチェックする

Foursquareというサービスを使っていれば、一発で地域を特定できます。それ以外にも占い（誕生日の推定が可能）などもあります。

画像のＥｘｉｆ（イグジフ）情報

デジタルカメラやスマホで撮影した画像には撮影された場所や日時を示す情報が埋め

込まれていることがあります。画像を撮影した人が、うっかりこれらの情報を残したままネットにアップしてしまうと場所が特定されてしまいます。

Amazonのほしいものリストなどリアルにつながるサービスをチェックする

Amazonのほしいものリストは、自分の本名や住所を知らせることなく、第三者からリストにあげたものをプレゼントしてもらえるサービスです。しかし、ここには落とし穴があります。

ほしいものリストは、ふたつの方法でリアル住所と氏名の手がかりになります。

Amazonには Amazon自身が売り手ではない商品があり、その場合送付先の住所と本名が表示されることがあります。本人がAmazon以外の出店者の商品をほしいものリストに掲載していなくても、勝手に送付することもできます。いったん本人が登録したAmazon商品をカートに入れると、送付先にほしいものリスト作成者の住所（詳細は非表示のまま）が選べるようになります。ほしいものリストにない商品を選んで送付可能です。

Amazon自身に注文した場合も、宅配便のトラッキングサービスをチェックすると、最寄りの配達所まで表示してくれます。つまり住んでいる地域をかなり絞り込めます。他から得られた天気、お店や祭り、学校、会社などの情報を組み合わせると地域をさらに特定できます。

✸悪質なウイルス、スパイウェアが流行っているからチェックした方がいいと言って個人情報を盗むサイトに誘導する

個人情報を盗むサイトをあらかじめ作っておき、そこにターゲットをうまく誘い出して、個人情報を盗むことがあります。

✸ネットアンケートを行い、そこで個人情報を入力させる

簡単にネットアンケートを作成、実施できるサービスがいくつかあります。そこで個人情報を入力するような項目を設定するか、抽選でプレゼントが当たるということにして当選の連絡の際に送付先を訊ねて情報を入手する方法があります。

✸既存有名サイトでプレゼント企画を行う

グーグルアドセンスで彼女募集広告を出した人もいます。大手サイトでも、個人のプレゼント応募企画を受け付けています。例えば読書サイトを例にあげると、個人主催の書籍プレゼント企画（献本企画）を受け付ける大手サイトがあります。もしも法人限定という規定があっても、ダミーの法人を作って申し込めばいいだけです。

手間を掛けるとこんなこともできます。

❶ターゲットのアカウントのプロフィールからブログやWEBなどをチェック

❷ターゲットのアカウント名やハンドル名などで検索し、本人と思われる他のサービスのアカウントを検索

例えば……ハンドル名が「かむたん」だったら、「かむたん」で検索する。あるいはアカウント名が「kamutan207」だったら「kamutan207」で検索することでターゲットの他の情報を入手できることがあります。

❸❶と❷の過去の書き込みに登場する地域、年齢、学校、職場などをチェック。その際、書き込まれた年月日も忘れずにメモします

特殊なイベントもチェックする価値があります。祭りや即売会（コミケなど）などがそうです。有名な祭りならば場所が特定され、コミケ情報も出店者ならサークルを特定できる可能性が高いです。同人誌のサークル名まで特定できると、通販やリアル店舗での委託販売をチェックし、そこでさらに情報を得ることができます。

❹アカウント名でGメール、ヤフーメールなど大手サービスに登録してみる

すでにそのアカウントが使われていれば、使われていますと表示されるので、ターゲットが利用している可能性が高いです。そのメールアドレスで検索を行います。

❺❶と❷の相互フォロー、友達をチェックし、リアル知人らしき人物をリストアップし、❶から❹までを行います。そのためのスマホを購入し、ＬＩＮＥのアカウントを作って、手当たり次第にターゲットの知り合いに声をかけまくって情報を引き出すこともできます。

このようなソーシャルエンジニアリングは、技術で防ぐことはできない攻撃ですが、あらかじめさまざまな騙しのテクニックを知ることによって防ぎやすくなります。

3章 基本的な防御のおさらいと情報収集の方法

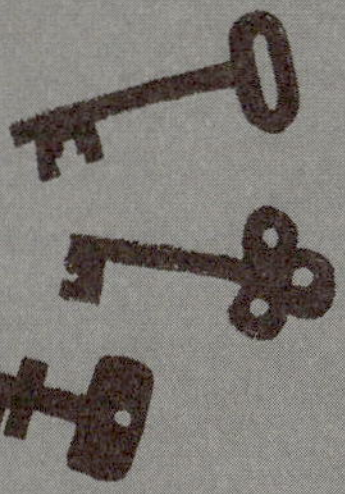

ここではおさらいの意味を含め、自分と家族を守るためにやっておいた方がよいことと、情報のチェック方法についてご説明します。

やっておいた方がよいことは、すでに耳にタコができるくらい言われていることの繰り返しになります。基本に忠実というのは、常にもっとも大事なことのひとつです。

攻撃の多くは、メールの添付ファイルを開いた時やサイトでなにかをクリックした時に仕掛けられます。主な攻撃方法は、脆弱性を狙うか、騙して危険なソフトをインストールさせるかです。

- □ 利用しているソフトウェアのアップデートを行う
- □ アンチウイルスソフトを使い、更新する
- □ 利用しているソフトの自動更新のために1日で数時間はインターネットに接続しましょう
- □ デフォルトのパスワードは必ず変更する
- □ パスワード管理を適切に行う
- □ 怪しいサイト、サービスは利用しない
- □ メールに添付されているファイルはできるだけ開かない

■スマホは防御が甘いので、できるだけネットバンキングなどの重要な処理は行わない
■いざという時に相談できる、くわしい知り合いを複数持つ
■過去に問題を指摘されたことのある製品の利用は控える

そして、もうひとつ重要なのは情報収集です。

インターネットでは日々新しい問題や事件が発生しています。理想的なことを言えば、家庭の中でインターネットに接続している機器を全て把握し、関連する情報をチェックしておくべきです。しかし、この忙しい毎日にそんなことをやっている余裕がない方がほとんどでしょう。

せめて、家庭の中でインターネットに接続されている機器には、どんなものがあるかを知っておき、なにか大きな問題や事件がニュースで流れた時に自分たちに関係あるなら気づけるようにしておきましょう。

■家庭の中でインターネットに接続されている機器には、どんなものがあるかを確認しておく
■チェックしておくとよい情報源を控えておき、できれば定期的に見るようにする

このふたつはやっておきましょう。特に、情報源を知っておくことは大事です。社会をゆるがすような大事件だとテレビや新聞のニュースになりますが、ほとんどの場合は多数の被害が出て手遅れになってからのことが多いです。できれば多数の被害が予想される段階で、情報を得て自分たちに関わりがあるかないかを確認しましょう。

ガス器具や電化製品などの場合、深刻な問題が見つかるとメーカーはテレビや新聞で告知をして回収します。パソコンやスマホのアプリやインターネットのサービスでは死ぬことは滅多にありませんが、銀行口座からお金が盗まれたり、クレジットカードを悪用されるなどの問題は起こります。それも非常に深刻な問題なのですが、メーカーはテレビや新聞で告知しませんし回収もしません。利用者が自分で自分を守るしかないのです。

ポイント

■一般的なテレビやニュースなど

多数の被害発生後のニュースを知り、教養を身につけるのに役立ちます。しかし被害予防に役立つことは稀です。

■インターネット上の専門情報サービス

多数の被害発生前に、その可能性を告知してくれることがあります。専門用語が多く、理解しにくいこともありますが、被害予防には大変有益です。

知っておきたい関連用語

デフォルト

そもその意味は、「なにもしないこと」です。この場合は、転じて「初期値」の意味で使われます。製品やソフトウェアを買った時に設定されている最初の値です。

ひとつひとつの製品に異なる初期値を設定している場合もありますが、同じ商品やサービスには、全部同じ初期値を設定しているものも少なくありません。初期値の中には、パスワードが含まれていることがあります。すると、同じ商品やサービスを持っている人には、デフォルトのパスワードはわかってしまいますので、必ず変更しないといけません。

それだけでなく、インターネットでその商品のマニュアルをチェックすることもできますので、デフォルトのパスワードは誰でも調べられると思った方がよいでしょう。

アンドロイド、iOS

アンドロイド、iOSはいずれもスマホのOS（基本ソフト）です。アンドロイドは、グーグル社が開発し、それをスマホのメーカーが自社製品用にカスタマイズして搭載しています。

iOSはiPhoneやiPad向けの基本ソフトで、アップル社が開発し提供しています。

RSS／RSSリーダ

インターネット上での情報配信の形態のひとつに、『RSS』というものがあります。実は、ほとんどのニュースサイトやブログ、ツイッターはRSSでも情報を流しています。さまざまな情報を一元的に見るためには、WEBやメールよりもRSSの方が便利なことが多いのです。

RSSリーダは情報を読むだけでなく、大事なものを保存したり、特定のキーワードを含む情報のみを集めたりするような機能があり、うまく使いこなすことができれば、効率的な情報収集ツールになります。

WEBを見る時にWEBブラウザが必要なように、メールの送受信にメーラーが必要なように、RSSで配信されている情報を読むためにはRSSリーダが必要になります。いろいろな種類のメーラーやWEBブラウザがあるように、RSSリーダにもさまざまな種類があります。

主要なものをあげておきます。

▶feedly　https://feedly.com/
▶Inoreader　https://www.inoreader.com/

ニュースサイト

インターネット上には、ニュースを提供しているさまざまなサイトがあります。独自にニュースを作って配信しているサイトもあれば、さまざまなニュースサイトのニュースを集めてまとめて表示しているサイトもあります。

グーグルやヤフーなどの大手のサイトでは、他のニュースサイトのニュースを網羅的に表示しています。そのため、とりあえずグーグルやヤフーのニュースをチェックすれば、多くの種類のニュースを読むことができます。また、よく読まれているものや、スタッフがピックアップした注目ニュースなどもあり、利便性も高くなっています。

なお、専門性の高いニュースは、個別のニュースサイトでチェックするしかないことも多々あります。

まとめサイト

ニュースサイトは最新の情報を入手するには便利ですが、コンパクトに整理された情報を見たい時に便利なのが、いわゆる『まとめ』サイトです。

まとめサイトとは、特定のテーマについてさまざまな情報源にある情報をまとめて紹介しているものの集合です。まとめサイトの主宰者自身が、まとめを作っているわけではなく、登録利用者が自由に好きなテーマでまとめを作って公開しています。

基本の防御について

基本的な防御方法について、おさらいしましょう。

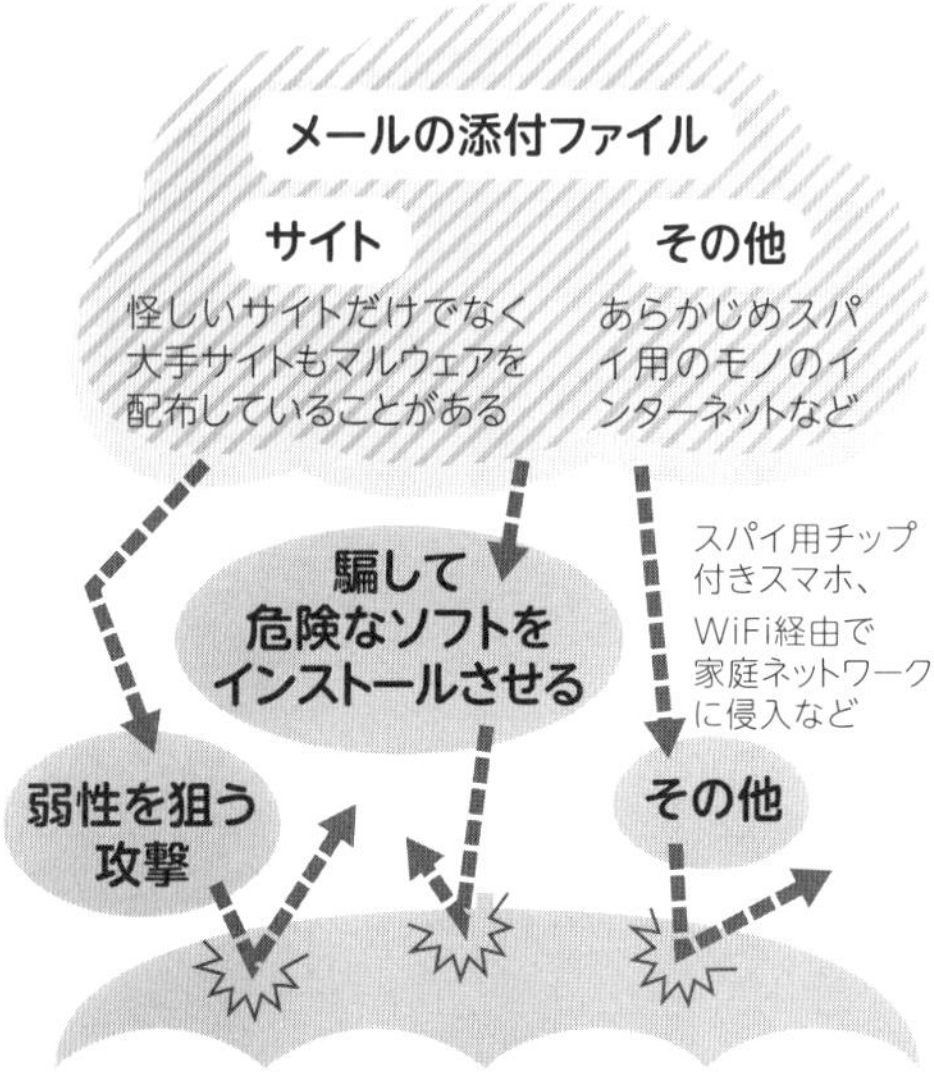

基本の防御方法

- □利用しているソフトウェアのアップデートを行う
- □アンチウイルスソフトを使い、更新する
- □利用しているソフトの自動更新のために1日で数時間はインターネットに接続しましょう
- □デフォルトのパスワードは必ず変更する
- □パスワード管理を適切に行う
- □怪しいサイト、サービスは利用しない
- □メールに添付されているファイルはできるだけ開かない
- □スマホは防御が甘いので、できるだけネットバンキングなどの重要な処理は行わない
- □いざという時に相談できる、くわしい知り合いを複数持つ
- □過去に問題を指摘されたことのある製品の利用は控える

利用しているソフトのアップデートを行う

パソコンやスマホを始めとして、インターネットに接続できるほとんどの機器のソフトは、アップデートを行っています。アップデートを行うことによって、脆弱性や問題点が解決されますので、必ず行うようにしましょう。

ウィンドウズやｉＯＳなどの基本的なソフトは自動更新できるようになっていますので、特別なことをしなくてもアップデートできます。アップデートの際に、「アップデートします。よろしいですか？」といった確認が出ることがありますが、必ず「はい」を選んでアップデートしましょう。

最近のアンチウイルスソフトには、こうした基本ソフトのアップデート状況をチェックしてくれるものもあります。アップデートされていないと、「最新のソフトがインストールされていません」とアラートで教えてくれます。

ただし、古いソフトの中は、もうアップデートを止めてしまったものもあります。

アンチウイルスソフトを使い、更新する

特にパソコンにはアンチウイルスソフトは必須です。パソコンを買うと、あらかじめお

試し版がインストールされていることも少なくないので、使ってみて問題なければそのまま継続して有料版を使うこともできます。

アンチウイルスソフトはデータベース（ワクチン定義）とソフトそのものを定期的に更新する必要があります。

アンチウイルスソフトには、たくさんの種類があります。一長一短あり、どれが一番よいとは言いにくいので、関心のある方はご自身でインターネットを検索して調べてみるのもよいでしょう。

アンチウイルスソフトの性能比較では、ウイルスブリテン（https://www.virusbtn.com/）というサイトが有名です。毎年、さまざまなテストを行い、その結果を発表しています。サイト自体は英語ですが、結果は日本のサイトでも紹介していることが多いので、日本語の〝ウイルスブリテン〟で検索すると、結果を日本語で知ることができます。

利用しているソフトの自動更新のために1日に数時間はインターネットに接続する

パソコンを使うことがあまりない家庭では、週に数回あるいは月に数回しか電源を入れないことがあるようです。できるだけ、1日1回は電源を入れ、インターネットに接続するようにしましょう。なぜなら、アンチウイルスソフトを始めとするさまざまなソフトのアップデートのためには、ネットへの接続が必要だからです。ソフトによっては自動更新の間隔が長く設定されています。1日に1回以上は更新の有無をチェックするように設定しましょう。

デフォルトのパスワードは必ず変更する

ソフトや製品を買うと、最初にＩＤやパスワードが設定されていることがあります。パスワードは必ず変更しましょう。最初に設定されているＩＤとパスワードを使って、そのソフトや製品を乗っ取ろうとしてくる人がいるのです。

最近の取り扱い説明書やマニュアルは、インターネット上にＰＤＦの形で公開されているものが増えています。それを見れば、デフォルトのＩＤやパスワードがわかることがあります。買った時のままのパスワードを使うのは大変危険です。

パスワード管理を適切に行う

第６章で解説していますので、ご参照ください。

怪しいサイト、サービスは利用しない

最近では、大手サイトが改竄されてマルウェアを配布するようになっていたり、掲載された広告を経由してマルウェアが配布されたりすることも珍しくありません。そのためサイトにアクセスする時は、常に注意が必要です。

そんな状況で怪しいサイトやサービスを利用するのは自殺行為といえます。

メールに添付されているファイルはできるだけ開かない

マルウェアの感染ルートとして多いのはメールです。添付されているファイルを開いた時に、感染してしまうケースはたくさんあります。そのため添付されているファイルは信頼できる相手からのもの以外は、開かないようにするのが賢明です。

たとえ信頼できる相手であっても、本当にその相手から送られてきたものかを添付ファイルを開く前に確認しましょう。メールアドレスは一致しているか、メールの内容は不自然ではないかといったことを念入りにチェックしましょう。メールアドレスが正しくても、その人のパソコンが乗っ取られている可能性もあります。

スマホは防御が甘いので、ネットバンキングなどの重要な処理は行わないようにする

これには異論もあると思いますが、あえて語弊を恐れずに言えばスマホは危険です。パソコンに比べると、防御するための方法が限られていますし、マルウェアに感染した後に気づくための方法も限られています。パソコンが「自助努力によって安全を確保する」ものであるのに対して、スマホは「メーカーが用意した安全な環境で利用する」ものという違いが決定的です。本来なら、利用者にはメーカーの構築した安全な環境が提供されているはずなのですが、そうはなっていないところに問題があります。

例えば、アンドロイドというOSを搭載したスマホのアプリは、グーグルプレイという公式サイトから入手するようになっています。事前に充分な審査が行われて安全なもののみが登録されるようになっていれば問題ないのですが、マルウェアまがいのものが何度も見つかっています。これでは安心できません。

iOSの方が比較的安全と言われていますが、あくまでも比較の問題であって、防御方法が限られているのは確かです。くわしい内容を知りたい方は、前著70〜93ページをご参照ください。

前著『サイバーセキュリティ読本』では、スマートフォンを「穴の空いた財布」と形容

しましたが、その状況は変わっていません。改善はされているのですが、危険であることに変わりはありません。

もうひとつ危険なのは、スマホでインターネットを利用する人が増え、パソコンで利用している人が減っていることです。よりたくさんの獲物がいる場所に、犯罪者が狙いを定めるのは当然のことです。攻撃は、日増しに激しくなっているのです。

いざという時に相談できる、くわしい知り合いを複数持つ

非常に単純なことですが、これはもっとも有効な防御方法です。なにか問題が起きたとしても、自分では判断できないことが少なくないのです。インターネットでニュースやサイトを見ても、内容を理解できないこともあります。こうした時に、気軽に相談して教えてもらえる知り合いがいるといないのでは大きな違いになります。

リアルで信頼できる知人が一番よいのですが、それが難しい場合は、ツイッターなどソーシャルネットワークで知り合った人たちに訊ねる方法もあります。この場合は、相手の正体がわからない状態になるので、必ずしも正しいことを教えてくれるとは限らない危険があります。

相談できる相手が複数いれば、ダブルチェックできるのでこうした時にも安心です。

過去に問題を指摘されたことのある製品の利用は控える

特定の国の製品を貶めるようなことは書きたくないのですが、そうすべき理由があるのですから仕方がありません。

２０１３年7月には、複数の国の情報機関で中国のパソコンメーカーレノボの使用を禁止していることがわかりました。バックドアがあったことが原因と言われています。

２０１３年10月、中国からロシアに輸出された電気アイロンに、周辺のｗｉｆｉネットワークに侵入し、マルウェアを撒き散らすチップが仕込まれていたことが発見されました。

２０１３年12月に中国Baidu（百度）社のＩＭＥやSimeji（いずれも日本語変換）などから外部に情報が送信されている問題が指摘されて騒ぎになりました。

どこまでなにが行われているのか、一般人である私たちには知るすべもありませんが、中国製品の利用には一定のリスクがあることは頭にとどめておくべきでしょう。パソコンやスマホだけでなく、家庭内のさまざまな家電製品がインターネットに接続可能になりつつある時代です。家電全般にリスクがあると思っておいた方がよいでしょう。

情報収集

みなさんは、新聞を読んでいますか？　読んでいる方も、新聞の紙面を全部読んでいるわけではないでしょう。人によっては、読まない日もあるのではないでしょうか。新聞の1カ月の購読料は約4000円。そのうち、純粋に新聞を作るために使われているのはいくらなのでしょう？　定期的にやってくる勧誘員やサービスグッズ、新聞社主催の文化的なイベントといった直接関係ないところにも多額の出費をしています。

もしもあなたがネットバンキングなどをしているのなら、新聞を読むよりもすべきことがあります。新聞に4000円払う余裕があるなら、そのお金をインターネットで効率的に役に立つ情報を得るために使うべきでしょう。

インターネットに関する情報は、インターネット上の方が豊富でしかも迅速なのです。本書をお読みの方の中には、すでにさまざまなインターネットのサイトでニュースをご覧になっている方も多いでしょう。

ほとんどの場合、テレビや新聞はインターネットでの被害の予防には役立ちません。また、よほどの大事件、大問題でないととりあげることはありません。

被害の予防を考えるなら、インターネット上の情報を活用しなければならないのです。

役立つ情報サイトの一覧を用意しました。

日々更新されるニュースサイトをひとつずつ毎日読むことでもよいのですが、RSSリーダというソフトを使って全部まとめてチェックすると効率的です。

もうひとつRSSリーダには重要な特徴があります。第1章で紹介したマルバタイジングというインターネット上の広告枠を悪用した攻撃を受けにくいのです。危険を回避できて読みやすいのですから、大変おすすめです。設定が少々難しいのが難点と言えば難点です。

情報の収集にあたって、サイバーセキュリティ専門家の言葉を過度に信用しないように注意しましょう。多くのサイバーセキュリティ専門家は民間企業に属しており、その利益に反することは言いにくいことがあります。

本書は関係者を含めて6名の方にチェックしていただきました。なかでおひとりだけ、アンドロイドは安全であると強く主張なさった方がいます。アンドロイドという基本ソフトは技術的には安全であるとの指摘です。そのこと自体は間違っていません。しかし、使って安全とは言えません。

たとえば自動車そのものは安全でも、交通法規が守られず、事故が多発し、故障しても修理できるところがなく、路上犯罪も日常茶飯事の土地では、自動車を運転するのは危険と言わざるを得ません。アンドロイドも同じです。ちなみに、その方が所属する会社はアンドロイド関連の業務を行っていました。

サイバーセキュリティに関する安全情報サイト、最近の傾向やコラムなど

IPA 独立行政法人 情報処理推進機構
：情報セキュリティ

http://www.ipa.go.jp/index.html

ここからセキュリティ！
情報セキュリティ・ポータルサイト

http://www.ipa.go.jp/security/kokokara/

警察庁セキュリティポータルサイト@police

http://www.npa.go.jp/cyberpolice/

ブログ系

エフセキュアブログ

http://blog.f-secure.jp/

カスペルスキーラボブログ

http://blog.blog.kaspersky.co.jp/

セキュリティホール memo

http://www.st.ryukoku.ac.jp/~kjm/security/memo/

piyolog

http://d.hatena.ne.jp/Kango/

サイバーセキュリティの最新情報、ニュースをチェックできるサイト／アンチウイルスソフトベンダ系

トレンドマイクロ　セキュリティ情報

http://www.trendmicro.co.jp/jp/security-intelligence/index.html

シマンテック　セキュリティレスポンス

http://www.symantec.com/ja/jp/security_response/

マカフィー　セキュリティニュース

http://www.mcafee.com/japan/home/security/news/

カスペルスキー　ニュース

http://www.kaspersky.co.jp/news

ニュース系

セキュリティ通信 So-net
http://www.so-net.ne.jp/security/index.html

セキュリティ：ITpro
http://itpro.nikkeibp.co.jp/security/index.html

セキュリティ ニュース - CNET Japan
http://japan.cnet.com/news/sec/

セキュリティ、個人情報の最新ニュース：Security NEXT
http://www.security-next.com/ScanNetSecurity
http://scan.netsecurity.ne.jp/

相談窓口／スパムメール

迷惑メール相談センター（一般財団法人データ通信協会）
http://www.dekyo.or.jp/soudan/index.html

迷惑メール情報提供受付ページ（一般財団法人日本産業協会）
http://www.nissankyo.or.jp/e-commerce/index.html

ネット犯罪、トラブル

国民生活センター
http://www.kokusen.go.jp/topics/internet.html

都道府県警察本部のサイバー犯罪相談窓口等一覧
http://www.npa.go.jp/cyber/soudan.htm

セキュリティ ニュース - CNET Japan
http://japan.cnet.com/news/sec/

インターネット・ホットラインセンター
http://www.internethotline.jp/

フィッシング対策協議会
http://www.antiphishing.jp/

脆弱性のような技術的なものは、どんどん自動化されてゆくと思います。そのため自分でチェックして、対処方法を考える必要はなくなってゆくでしょう。

その代わりに、ソーシャルエンジニアリングのような騙しの手口はより巧妙になってゆくと考えられます。いまだに、振り込め詐欺が猛威を振るっていることからも、いかに人が騙されやすいかがわかります。

こうした騙しは、根本的な対策がありません。新しい騙しの手口が出てくれば、それをできるだけ早く知って騙されないようにするしかないのです。

サイバーセキュリティに関する最低限の教養を身につける。
インターネットでの情報収集を心がける。
情報源を整理して、定常的に確認する。

- 利用しているソフトウェアのアップデートを行う
- アンチウイルスソフトを使い、更新する
- 過去に問題を指摘されたことのあるソフトの利用は控える
- 利用しているソフトの自動更新のために、1日に数時間はインターネットに接続

する
- 商品についているデフォルトのパスワードは必ず変更する
- 怪しいサイト、サービスは利用しない
- メールに添付されているファイルはできるだけ開かない
- スマホは防御が甘いので、できるだけネットバンキングなどの重要な処理は行わない
- いざという時に相談できる、くわしい知り合いを複数持つ
- 情報収集を行う

基本的な防御を忘れないようにしましょう。

情報は生命線です。無理のない範囲で、常に新しい情報を取り入れるようにしましょう。

セキュリティシミュレーション 1

川辺聡子《かわべさとこ》さんは、68歳の誕生日に息子さんからパソコンをプレゼントされました。夫と一緒に旅行に行った時の写真などをメールで送ったり、年賀状を作るのに便利で、しかもボケ防止にもなると息子さんに使うように勧められました。

ものは試しと始めて、市で主催している無料のパソコン教室にも通ってみました。加賀谷さんという女性が講師を務める数日間の簡単なものでしたが、教え方が上手なせいか聡子さんはだいぶ使いこなせるようになりました。加賀谷さんは、なにかにつけて聡子さんに優しくしてくれました。亡くなった祖母と聡子さんが似ているという話を聞いて、聡子さんも加賀谷さんに打ち解けてゆきました。

パソコンを使えるようになると楽しくて、最初は毎日使っていたものの、1カ月も経つと、週に1回使う程度になりました。週に1度くらいのペースで、加賀谷さんからメールが来るので、それが唯一の楽しみでした。その他には滅多にメールも来ないし、こちらから送ることもありません。たまにネット通販で本や珍しいお菓子を買うくらいです。

ある日、聡子さんがクレジットカードの利用明細を見て、おや？ と思いました。覚えのないものを買ったことになっているのです。金額は数千円なので、多額というほどでもありません。自分の記憶違いかもしれないと思ったものの、もやもやします。もしやと思って前月の明細を見ると、やはりそこにも数千円覚えのないものがあります。聡子さんは、なんだか怖くなってきました。

息子さんに相談すると、ウイルスに感染したのかもしれないと言われました。電話で息子さんに教わりながら、パソコンを操作するとパソコンに最初からついていたアンチウイルスソフトは無料で利用できる期間が過ぎていました。

何度か継続を促すメッセージは出ていたのですが、聡子さんはわざわざそんなものにお金を払わなくても危ないサイトを見なければ大丈夫だろうと高をくくっていました。息子さんに促されて申し込むと、毎月1000円かかるという表示が出ましたが、背に腹はかえられないので申し込みました。そのおかげで、ぱったりとクレジットカードのおかしな請求はなくなりました。

2カ月後、パソコンを利用していると、突然画面が真っ暗になり、使えなくなってしまいました。びっくりして、電源を入れ直したりしましたが、ダメです。壊れてしまったのかもしれないと思いながら、聡子さんは息子さんに電話をかけました。すると……

「いま、たてこんでるんだけど、もしかしてヤバイかもしれない」

息子さんは電話に出るとすぐに言いました。

「なんの話？」

「ネットバンキングの口座から金を盗まれたんだ。それで警察に相談してる」

「えっ、いくら取られたの？」

「300万円ちょっと」

「大変じゃない。なんで、そんなことになったの？」

「わからないよ。これからそれを調べてもらうんだ。母さんはなにかあったの？」

「パソコンが壊れたみたいなの。真っ暗になってうんともすんとも言わないのよ」

「それもウイルスかもしれないな。警察に言っとく」

聡子さんの胸に黒雲のような不安が渦巻きました。


その頃、加賀谷さんは自分の部屋でほくそ笑んでいました。まんまと300万円を手に入れたのです。彼女は、パソコン教室のインストラクターをしながら、獲物になりそうな相手を探していました。パソコンやネットにくわしくなく、くわしい知り合いもいない老人。本人あるいは近しい人がネットバンキングやネット通販を利用している老人。聡子さんは加賀谷さんにとっては、うってつけの相手だったのです。

まず、でっちあげの祖母の話をして聡子さんと仲良くなり、何度かメールを送って、マルウェアに感染させて聡子さんのパソコンを乗っ取りました。そこから息子さんのメールアドレスを盗みだし、聡子さんになりすましたメールを送って息子さんのパソコンもマルウェアに感染させたのです。そしてネットバンキングの口座からまんまとお金を送金させてしまったのです。

その後で痕跡を消すために聡子さんのパソコンと息子さんのデータを消去しました。

コラム

公共サービスなどのインフラにとって代わるソーシャルシェアリングサービス

難易度 ★★

AirbnbやUberといったサービスが拡大しています。個人が自分の部屋や車をインターネットサービスを介してマッチングした相手に提供するサービスです。

Airbnbは、自分の家の空いている部屋をサイトに貸せますと登録すれば、その地区で宿泊先を探している利用者とマッチングしてくれます。

部屋を貸す方からすれば、空いている部屋を貸してお金がもらえるのだから有効活用になります。ただし、自分たちのトイレ、浴室、リビング、ダイニングなどを宿泊者も使うことになってしまいます。自分たちの生活空間に赤の他人が入り込むことが苦手な人には向きません。

Uberは、原則タクシー配車サービスですが、タクシーとしての登録をしていない個人でもサイトに登録して利用者とマッチングしてもらうことができます。昔で言うところの白タク、国や地域によっては違法営業となります。ロンドンでは、Uberで違法営業しているタクシーの利用が増加し、客を取られた正規のタクシー運転手たちが大規模なデモを行う事件にまで発展しました。さらには、同じ目的地に行く人を見つけて相乗りするサービスも始まっています。

我が国では、『あきっぱ！』という駐車スペースのソーシャルシェアリングサービスが普及しています。自宅の駐車スペースを他人に貸し出すというものです。

総合ソーシャルシェアリングサービスのソキュアスというものもあります。こちらは、仮想通貨まで用意し、モノから場所まで幅広いシェアリングのマッチングを行っています。

その他には普段使わないスポーツの道具、楽器などでもソーシャルシェアリングは広がっています。

▼移動手段：Ｕｂｅｒやカーシェアリングなど
▼場　　所：Airbnb、あきっぱ！

ちょっと変わったものとしては、ソーシャルレンディングというサービスがあります。これは、個人間でのお金の貸借を仲介するサービスで、P2Pレンディングと呼ばれることもあります。この動きが広がれば、銀行は不要になりかねません。金融サービスまで、個人間でやりとりされるようになっています。

2014年11月、イギリス・ビクトリアのTaxi Services commissionは、Uberにサービスを差し止めるように命じました。許認可を受けていないタクシーを斡旋していたことがその理由です。これは氷山の一角に過ぎず、この手の問題は各地で起きており、物議をかもしています。逆に言うとそれだけ需要があり、急速に普及しているということです。

今後さらに当局との摩擦は激しくなることが予想されますが、それにもかかわらずUberや同様のソーシャルシェアリングサービスは、どんどん広がってゆくでしょう。Uberの新サービス『相乗り』は、バスなどの公共交通機関にとって代わりかねないし、いずれ教育、電力、水道、通信の分野にもソーシャルシェアリングは広がってゆく可能性があります。

いくらなんでも電力や水道までと思うかもしれませんが、電力を個人が生産するのは珍しいことではありません。我が国でも太陽光発電した電力を売っている個人宅は存在します。その売り先は電力会社ですが、うまくマッチングできるならソーシャルシェアリングできます。

通信の分野でも、ホットスポットのシェアなどさまざまな形でソーシャルシェアリングが広がっています。

ソーシャルシェアリングの利点

▼安価である。最大の利点は、安いということにつきます
▼手間いらずで、個人が売り手にも買い手にもなれます。ソーシャルシェアリングのシステムを実現するシステムの利便性も重要な利点です
▼既存サービスが存在しない地域でも行えます

もちろんソーシャルシェアリングには問題もあります。誰も品質保証をしないし、トラブルが起きた時の対応も未知数です。そもそも、低コストと利便性のために、安全性やプライバシーを捨てて成り立っているのがソーシャルシェアリングなのです。

ソーシャルシェアリングのマイナス面

▼品質の保証がなく、事故などの責任の所在もあいまいというのが、最大のマイナス面です。安全性のレベルを下げることで、安価で利便性の高いサービスを実現しています

▼違法もしくはグレーゾーンであることが少なくありません。ある日、突然サービスが停止になる可能性もあるのは悩ましいです

問題をはらみながらもソーシャルシェアリングは普及するでしょう。数多くの無料ネットサービスの普及が証明しているように、多くの利用者は低コストや利便性を、安全性やプライバシーよりも優先します。

理想的な形は、公共機関がソーシャルシェアとそこに参加する人々のレイティングをしたり、シェアのための共通ＡＰＩなどを提供することなのかもしれませんが、それは無理そうです。なぜならそこでコストアップしてしまうと、最大のメリットである低コストが失われてしまうからです。

こうしたソーシャルシェアリングが進んだ先には、なにが待っているのでしょう?

すでにLINEやツイッターなどのソーシャルネットワークで進んでいるような、プライバシーのない世界の加速と安全性の喪失ではないでしょうか？　自己責任という名の無法地帯が広がるのです。そして安全とプライバシーを守るコストは相対的に増大します。

それと同時に、犯罪へのハードルがどんどん下がります。なぜなら、新しいソーシャルシェアリングは常にグレーゾーンであり、場合によっては違法と判断されるからです。それでも使い続けることは、ネット上の『罪』の感覚をマヒさせ、他の法を冒すハードルも下げてしまいます。

また、ソーシャルシェアリングの貸し手も買い手も、保証がない分詐欺などの行為を行いやすくなります。これまでのライセンスが必要な事業では、犯罪を行うとライセンスを取り消され、事業を行えなくなるというリスクがありました。ところが、一部のソーシャルシェアリングでは、本来必要なライセンスを持たずに事業を行っている業者も参加しています。イギリスのタクシーがよい例です。もともとライセンスを持たない彼らには、ライセンス取り消しというリスクは存在しません。

言葉を換えれば、新しい時代には新しい秩序が必要であり、既存の秩序は機能しなくなります。新しい秩序が機能するまでは、無法な時代が続かざるを得ません。

4章 サイバー冤罪事件は誰にでも起こりうる

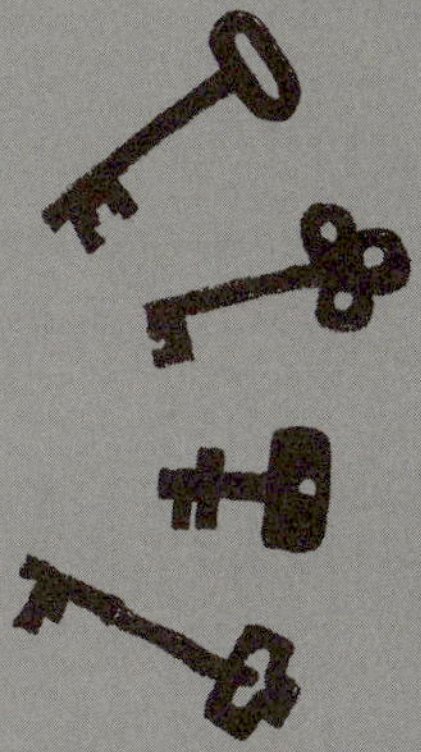

冤罪というのは、本当は罪を犯していないのに有罪とされてしまうことです。インターネットの普及によって、冤罪が増える危険があります。

2012年、いわゆる『パソコン遠隔操作事件』が起きました。簡単におさらいしますと、ある人物が4人の人物のパソコンを遠隔操作して掲示板に犯行予告を書き込んだ事件です。当初、警察は遠隔操作された人々を犯人と誤認して逮捕してしまいました。信じられないことに、そのうちのひとりは警察に強制されて自供までしてしまいました。警察は犯人でない人を逮捕し、自白させることができる組織だったのです。のちに嫌疑は晴れ、真犯人と目される人物が逮捕されました。この事件は、なりすましが頻発するネットでサイバー冤罪がいかに起きやすいかということを世に知らしめました。

警察が真相にたどりつけないのには理由があります。警察側のサイバー事件に対する脆さもさることながら、「攻撃者絶対有利」というサイバー空間の事情があります。攻撃者である犯罪者を特定し、逮捕するためには、守備側である警察は漫然と犯罪が起きるのを待っていてはダメで、囮捜査など攻撃的な捜査手法をとる必要があります。しかし日本では囮捜査は認められていません。これが遅れをとる原因のひとつとなっています。

警察がサイバー犯罪に充分な態勢で臨んでいない以上、ネットに接続されていれば、いつでも誰でも犯罪者にされてしまう可能性があります。

知っておきたい関連用語

遠隔操作

遠隔操作とは、文字通り離れた場所からインターネットなどを通じてパソコンやスマホを操作することです。操作されるスマホやパソコンの持ち主がそのことを知って了解している場合と、していない場合があります。

前者は、パソコンのトラブル対処や操作がわからない時にサポートセンターの担当者が相談者のパソコンを遠隔操作する場合などが該当します。

後者の場合は、持ち主の知らない間に誰かに操られてしまいます。さまざまなことを操作されてしまう可能性があり、そのうちのひとつがサイバー犯罪です。被害を受けた相手には、遠隔操作されているスマホもしくはパソコンからの攻撃の痕跡が残っているので、持ち主は疑わしい人物になってしまいます。

囮捜査、潜入捜査

「攻撃者絶対有利」のサイバー空間において、サイバー犯罪者と互してゆくためには、攻性の捜査手法が不可欠になります。囮捜査や潜入捜査がそれに当たります。

客を装ってサイバー犯罪者に近づき、証拠をつかむ囮捜査は、当たり前に行われています。ただし、日本では囮捜査に制限があるために、有効に行うことができません。

サイバー犯罪組織の中に潜入する捜査も行われています。FBIの捜査官が自らサイバー犯罪サイトを作ってそこに集まってきた犯罪者を一網打尽にすることも行われています。

最近では、警察など司法機関がポリスウェアと呼ばれるマルウェアを被疑者のパソコンやスマホに感染させ、監視する活動も行われています。デロイトトーマツ サイバーセキュリティ先端研究所主任研究員ウィリアム・ロス氏が2014年7月に行った講演によれば、FBIは監視用ポリスウェアツールを使って、パソコンのシステムプロファイル情報やログイン名、アカウント情報を取得する他、カメラやキーロガーで被疑者の活動情報を取得していると言われています。

リブラハック事件

ある人物が岡崎市立中央図書館WEBから新着図書のデータを取得するプログラムを作ろうとしたことが発端で起きた事件です。プログラムを開発し、実際にサイトにアクセスしてテストを行ったところ、図書館のサーバが負荷に耐えられなくなってダウンしました。

事態を知った図書館は警察に被害届を出して、プログラムを作った男性が逮捕されました。しかし、のちに嫌疑は晴れて釈放されました。

テストした際のアクセスは1秒に1回程度のものでした。一般的には、それほど問題になるようなアクセスではありません。それで落ちるのはサーバに問題があると考えるのが普通です。しかし警察はそう判断しませんでした。

？ボット　ボットネット

マルウェアを使って、たくさんのパソコンやスマホ、タブレットを支配下におき、命令を送って登録されている個人情報などを盗んだり、特定のサイトを攻撃したり、スパムメールを送ったり、任意の行動を実行させることのできるボットの集合をボットネットと呼びます。感染し、配下になったパソコンやスマホ、タブレットなどのことをボットと呼びます。

ボットネットには通常、命令を送るためのC&Cサーバと呼ばれるものが存在します。ボットはサーバから命令を受け取って実行します。ボットをバージョンアップさせたり、書き換えたりすることもC&Cサーバを介して行います。

ボットネットと聞いても多くの人はピンと来ないかもしれませんが、ボットネットのひとつであるGameOver Zeusは100万件のパソコンなどを支配下においていたと言われています。こうしたものが、たくさんあるのですからあなたのパソコンやスマホが感染していたとしても不思議はありません。

他人事ではなく、身近に当たり前に存在するものと思っていた方がよいでしょう。

冤罪の温床となる背景と要因

冤罪ができるもっとも大きい要因は、遠隔操作です。自分のパソコンやスマホが知らない間に、誰かに遠隔操作されて犯罪を実行してしまうのです。持ち主は、全く気づかないことの方が多いです。

警察は、犯罪の痕跡を分析し、どこから攻撃されたかを突き止めますが、それがあなたのパソコンやスマホなのです。

多くの遠隔操作は、事前にマルウェアに感染させることによって可能になります。マルウェアを使って遠隔操作というと難しそうに聞こえますが、そうではありません。

最近では、マルウェア開発キットという便利なものが販売されています。これを使うと知識や技術がそれほどでなくても、新しいマルウェアを作ることができます。ちゃんと有料サポートサービスまであります。自信のない人や初めての人でもサポートを受けてマルウェアを使いこなせるようになります。もちろん違法なものです。

マルウェア開発キットを利用すれば、さほど技術的な知識がなくても遠隔操作を行って特定のサーバに攻撃を行ったり、配下のパソコンから情報を盗み出したりできます。

遠隔操作されていなくても、警察もしくは検察が怪しいと思えば、誰かを犯人にすることは難しいことではありません。そのために、証拠を改竄したり、容疑者を拷問して自白させたりします。

2010年に大阪地方検察庁特別捜査部の元検事と大阪地検元特捜部長、元副部長が証拠であるデジタルデータの改竄を行って起訴されました（大阪地検特捜部主任検事証拠改竄事件）。

デジタルデータ証拠の改竄はやりやすく、巧妙に行われた場合、見抜くことは困難です。

日本の警察は自白をとるために、拷問や家族対策などのあらゆる手段を講じます。その執念とやり口は想像を超えています。無実なら罪を認めて自白するはずがないというのは、実態を知らないから言えることで、むしろ普通の感覚の人なら自白せざるを得なくなると思った方がよいでしょう。前述の『パソコン遠隔操作事件』では、無実の人が罪を認めて自白しています。

理由のわからないまま逮捕

- 警察は逮捕の理由をくわしくは教えてくれない。教えてくれるのは対象となった事件、日時くらいのため、なぜ疑われたのかまではわからない。
- 逮捕と同時に、パソコンやスマホなど多くのものが証拠品として押収される。

拘留し、自白を強要

犯人でもない一般市民を長期間監禁するのは国際的には拷問とされています。日本の警察は、この拷問を行っています。

「家族対策」と呼ばれる方法を使って、容疑者の家族をそそのかして容疑者に自白するように言わせる。

マスメディアにさまざまな情報をリークして世論を、「こいつが犯人だ」と誘導する

多くの日本人は、逮捕=犯人という目で見る

これからどうなる？

短期的にはサイバー冤罪は増えると考えられます。減る要因が、ありません。警察のサイバー捜査能力が向上して、遠隔操作など犯人のトリックに惑わされないようになる可能性もありますが、犯罪者たちもまた能力を上げているのです。このままイタチごっこが続くのであれば、犯罪者が今後も有利であり続ける可能性の方が高いでしょう。

警察の能力以外の問題としては、サイバー犯罪の増加によって手が回らなくなることが上げられます。

冤罪を加速する報道機関も長年にわたって改善のきざしがなく、今後も警察からの情報を鵜呑みにしてリーク情報をそのまま垂れながして、容疑者とその家族を精神的に追い詰める手助けをしそうです。

ただし、幸か不幸か多くのサイバー事件において、「間抜けと子供」が捕まる傾向にあり、あなたが子供でなければそれだけで逮捕の可能性はぐっと減ります。

こうして守れ！

サイバー冤罪の被害を遭わないためには、遠隔操作されないように、マルウェアの感染に注意することが第一です。

その他にも、無実の罪に問われる可能性はあります。現在、日本政府関連機関は、ネットでの監視活動をしていないようですが、アメリカのように通信内容を盗聴するようになった場合は、その内容をチェックされ、あらぬ疑いをかけられる危険があります。完全にプライベートなメールや通話でも犯罪やテロにつながる言葉は危険ですし、紛争地域やその出身者との通信も監視対象になるでしょう。

できるだけ通信は暗号化し、盗聴されにくくした方がよいでしょう。

子供の行動に注意

前述したように、多くのサイバー事件で捕まるのは「間抜けと子供」です。家庭にお子さんがいらっしゃる場合は、誤ってサイバー犯罪に巻き込まれる可能性があります。

スマホやパソコンが知らない間に感染し、遠隔操作されるのは大人でも子供でも同じです。危険なアプリをインストールしないか、危険なサイトにアクセスしていないか、マルウェアに感染していないかといったことを定期的にチェックしてあげる必要があります。子供が自分でできればよいのですが、それは難しいため、家族が安全を保ってあげなければなりません。

特に危険なのは、子供が中途半端な知識を持っている場合です。自分の力を過信して危険なサイトを利用したり、怪しげなツールを使ったりしてしまうことがあります。

- 誰のスマホ、パソコンでも遠隔操作される危険性があります
  自分自身や家族が犯人に仕立てられる可能性を考えておきましょう
- 警察がどのように自白を強要し、犯人を作るのかを知り、いざという時の対処方法も覚えておきましょう
- 基本的な防御を徹底し、遠隔操作されないように気をつけましょう

セキュリティシミュレーション 1

会社員の佐々木《ささき》剛《つよし》さんは中学3年生の娘と妻との3人暮らしです。特に問題なく幸福に暮らしていました。

ある日、残業して家に帰るとリビングで待っていた妻が、無言でスマホの画面を佐々木さんに見せました。そこには、担任からの父兄に会いたいというメッセージが表示されていました。

「どうしたの？」

呼び出される理由を読んだ佐々木さんは顔色を変えました。娘の美樹がツイッターで同じクラスの子の陰口をツイートしていたと言うのです。

「わかんないわよ。書いてある通りなんでしょ？」

「美樹には訊いたのか？　訊けばわかるだろ。なんかの間違いじゃないのか？」

「……美樹はやってないって言ってるけど」

「その陰口って、もう残ってないのか？」

「全部、美樹が消したから残ってないし、もうアカウント消した。クラスの子が陰口の内容を画像で残していて、それを見ると確かに美樹が悪口言ってるのよね」

「なりすましじゃないのか？　ＬＩＮＥのなりすましって問題になってたじゃないか」

「そうかもしれないけど、今さら遅いみたい。学校だけじゃなくネットでもひどい目に遭ってるらしいの」

「いじめか？」

「まあ、そんなものかもね。とにかく大騒ぎになってるから、明日、一緒に学校に行ってくれない？」

「オレが？　会社はどうすんだ。そんな突然休めないぞ」

「だって美樹に悪口を書かれたっていう子の親御さんは、警察に届けるとか言ってるそうなの。だから直接会って謝るなりなんなりしないといけないの」

「待てよ。美樹はやってないって言ってるんだろ？　誰かのイタズラだって言えばいいだろ」

「じゃあ、あなたが言ってよ。私はさんざん言ったけど、もう言い逃れにしか聞こえないからやめた方がいいって言われてるの」

「誰に？」

「担任の先生」

「そんなの泣き寝入りじゃないか！」

佐々木さんは納得できません。それでも娘のためと翌日会社を早退して、夕方担任の先生を訪ねました。

担任の吉永佳織先生は、佐々木さんに状況をくわしく話してくれました。

「お父様、お気持ちはわかりますが、警察はそうは思わないでしょう。実は昨年似たような事件があったんです」

吉永先生の話によると、その事件では、悪口を書かれたAという生徒の家族が警察に相談に行こうとしたところ、悪口を書き込んだBという生徒の父兄が、A生徒の家族を皆殺しにするという殺人予告を行う騒ぎになったそうです。殺人予告の犯人とされたBの父兄は、濡れ衣だし、他の誰かがなりすましたに違いないと主張していたそうですが、警察に連れて行かれて全てを認めることになったそうです。

「本当は犯人だったのかどうかわかりません。仮に犯人でなかったとしても、自分で無実を立証するのは無理だと思ったのでしょう」

「し、しかし、それじゃ、やられっぱなしでしょ。この責任を誰がとってくれるんです？」

「落ち着いて考えてください。今起きていることを客観的にみると、インターネットで同じクラスの子の悪口を書き込んでいた生徒が、そのことをとがめられ、逆ギレしたその子の父兄が絶対に違うと言い張っている状態なんです。真実は違うかもしれませんが、悪口を書かれた生徒のご両親はかなりご立腹です。ここでこじらせると、よくありません。警察沙汰にでもなったら、そりゃ、本当のことはわかるかもしれませんが、それまでの間、美樹さんはクラスでかなりつらい思いをするでしょうし、お父さまとお母さまもいやな思いをすることになると思います」

「む……」

結局、佐々木さんと奥さんは、先生に付き添われて相手の生徒の家まで謝りにゆくことになりました。大変不本意でしたが、それしか方法がなかったのです。

しかし、佐々木さんは納得したわけでもあきらめたわけでありませんでした。会社の顧問弁護士を紹介してもらい、相談してみました。しかし、その答えも芳しいものではありません。

「こういうケースの場合は、立証が難しいし、仮に犯人でないとわかってもそれでお子さんへのいじめがなくなるとは限りません。もしも、学校の先生がおっしゃるように、真犯人の怒りをかって殺人予告までなりすまされて書き込まれると、警察も動かざるを得ないことになってあなたが逮捕される危険もあります。拘留されている間は会社は休むことになります。その後無実とわかっても、会社や世間の目は厳しいと思います」

やってもいないことを認めて謝るなんて、と思った佐々木さんですが、弁護士の話を聞いているうちに、打つ手はないような気がしてきました。

忸怩たるものがありましたが、これで丸く収まってくれればいいと思いながら、家に帰ると美樹が青い顔をして待っていました。

「さっき電話があって、誰かがあたしになりすましてＡｓｋでひどいこと書いてるみたい」

今度は美樹が以前利用していたＡｓｋというサービスでなりすまされたようです。

担任の吉永先生からメールが届きました。相手の父兄が非常に怒っていて、すぐに書き込みを消さないと警察沙汰になりかねないと書いてありました。佐々木さんは、どきりとしました。弁護士に相談した時、言われたことが頭をよぎります。

「でも消せないよ。だって、あたしはＡｓｋ使ってないんだもん。パスワードなんかわからない」

美樹は泣いていました。佐々木さんは、あわててＡｓｋのサイトを見て、運営会社に連絡しました。でも、即座に削除されるわけではありません。どれだけ待たなければならないかもわかりません。

八方ふさがりです。佐々木さんと奥さんは、青い顔で無言で頭を抱えました。

「ねえ、美樹が友達から業者を教えてもらったって言うんだけど、どうしよう？」

スマホでメールを見ていた奥さんが、顔を上げました。

「業者？」

「インターネットのトラブルを解決してくれるっていうとこ。サイバーセキュリティコンサルタントだって」

「高いんじゃないのか？」

「でも、このままじゃどうしようもないでしょ。それに美樹の友達の話だと、他の親御さんも相談してるみたい。うちだけじゃないのよ、トラブル抱えてるの」

「そうなのか……」

「とりあえず、話だけでも聞いてみない？　だって、このままなにもしないともっとひどいことされるかもしれないでしょ」

「全くなにが狙いなんだか……そうだ。担任の先生に訊いてみるといいんじゃないか？　みんなが相談してるなら、知ってるかもしれないだろ。先生も知ってるなら安心だ」

「いいけど、たまには自分で電話してよ」

佐々木さんは、わらにもすがる気持ちで、吉永先生に電話しました。吉永先生は、電話がつながると開口一番、「なぜ、書き込みを消さないんですか？」ときつい口調で質問してきました。

「いや、できないんです」

佐々木さんが状況を説明し、業者に頼みたいと話してみました。

「確かに、このまま放置すると危険ですね。業者にお願いするのは、正直お勧めしたくはないんですが、いたしかたない面もあります」

「他の親御さんも、この業者に依頼していると聞いたんです。先生はご存じですか？」

最近、ネットがらみのトラブルが多いので学校ぐるみで相談している業者です。表に出すには、はばかられるトラブルが多いので、あまり話さないようにしているのですが、その業者さんは信頼できます」

「そうでしたか、それはありがとうございます。その業者さんに相談してみることにします」

佐々木さんが美樹に教わった番号に電話すると、業務終了のアナウンスが流れてきました。絶望的な気持ちになった時、「緊急のご用件は……」という言葉に続いて、携帯の番号が案内されました。佐々木さんは、さっそくそちらの番号にかけ直します。

「こちら、サイバーソリューションMKです」

すぐに電話はつながり、てきぱきした女性の声が返ってきました。佐々木さんは、急いで状況を説明しました。

「なるほど、先方の親御さんが警察に被害届を出したり、弁護士を立てたりするとやっかいなことになりますね。すぐに対応しましょう」

「なんとかなるんですか？」

「Askやツイッターはトラブルの温床ですから、こちらにもノウハウがあります。ただし、緊急対処にはじゃっかん費用がかかりますが、よろしいでしょうか？」

「……おいくらくらいでしょう？」

「ご依頼いただいてから2時間以内に、Askで娘さんになりすましているIDを削除し、書き込みを見えなくなるようにします。成功報酬で20万円を申し受けております」

「そんなにするんですか？」

「警察沙汰になった時の弁護士費用よりは安いですし、たった2時間で最悪の状況を脱することができるんです」

「ちょっと相談します」

「はい。ただ急いだ方がよいと思います。クレジットカード決済が完了した時点から作業を開始します」

吉永先生は、たくさんのスマホから流れてくる情報を眺めながら、にやにやしていました。数年前にマルウェア開発キットを購入し、有料サポートを受けて、生徒のスマホをボットネットにしていたのです。学校行事の連絡と称してメールを送ってマルウェアに感染させ、どの生徒にどういった攻撃をすればお金を奪いやすいかを考え、計画を立てます。それから、マルウェア開発キットのサポートに計画を送って、アドバイスをうけて実行します。

悪賢い生徒は逆に仲間に取り込んで、ターゲットの生徒を騙すのに使います。他の父兄が相談しているトラブル解決業者なんていません。だって、その業者は吉永先生自身なんですから。それをあたかも実在するように見せかけるには、他の生徒を使うととても信用させやすくなるのです。

ニセのトラブル解決業者も、マルウェア開発キットのサポートの一環です。30パーセントの手数料で電話をかけてきた父兄からまんまとお金を巻き上げてくれます。Ａｓｋの書き込みも同じ業者の手によるものですから、削除はいとも簡単です。

無事にクレジットカードの決済が完了したのを確認した加賀谷さんは、笑いをこらえられませんでした。加賀谷さんは、中学や高校の先生を主な顧客にしてマルウェア開発キットの販売とサポートをサイドビジネスとして行っていました。

悪い先生が冤罪をちらつかせて、父兄からお金を巻き上げ、その上前をもらいます。

「あと半年くらいで、この仕事もたたもうかしら」

ビジネスは見切りが大事です。儲かるからと言ってずるずる続けていると、思わぬ失敗をしてしまいます。加賀谷さんは、ぼろが出る前に痕跡をなくし、消えようと計画していました。もちろん、計画の最後には、これまで父兄が入力してくれたクレジットカードの情報を使って、上限いっぱいの決済を行うつもりです。

コラム

クラウドという名の時限爆弾

難易度 ★

クラウドというと、難しそうに聞こえますが、普段私たちが使っているネット上のデータを保管、共有するようなサービスの多くはクラウドと呼ばれています。アップル社のiCloudはiPhoneやiPadを使っている方の多くは利用しているでしょう。DropBox、Evernoteなどのサービスもそうです。

クラウドサービスは複数の機器や、複数の利用者の間で共有できるため非常に便利です。最近では、大きなデータをやりとりすることが増えてきたため、手軽にメールで送るのが難しくなっていることもあり、利便性はどんどん高まっています。

例えば、スマホとタブレットとパソコン（自宅と会社にそれぞれ1台）を持っていた場合、同じデータを共有しようとするために、いちいちコピーしたり、メールで送るのは非常に手間がかかる上、どれがオリジナルだったかわからなくなるという危険もあります。この点、クラウドサービスを利用して共有していれば、スマホとタブレットとパソコンの全てで同じデータを同期して使うことができます。スマホとタブレットとパソコンが壊れても、クラウドに元のデータが残っているので安心です。

ビジネスで使う場合には、同じプロジェクトのメンバーでデータを共有することができます。

家庭でも、家族旅行や家族の情報をクラウド上に置いておけば、家族全員で共有できます。

ちょっと聞くと便利なことこの上ないのですが、実際には問題が山積みです。

まず、違法にデータを共有されてしまう危険があります。ビジネスで本来は社外持ち出し不可のデータをクラウドにアップロードして自宅や外出先で使えるようにする人がいます。2014年9月には、FBIがクラウドサービスを利用して従業員が社内のデータを持ち出す内部犯行が増加していると警告を発し、利用されているクラウドサービスとしてDropBoxを名指ししました。それくらいに悪用されているものなのです。

クラウドは、海賊版の巣窟とも言われています。音楽や映像をクラウドサービスを通じて共有すると、とても便利です。合法なものでも、違法なものでも、それは同じです。となれば、違法にコピーした音楽や映像がクラウドサービスにあふれるのも道理です。

クラウドサービスにも、データ漏洩の危険があります。

2014年10月、DropBoxから700万件のIDとパスワードを盗んだと宣言する者が現れるという事件がありました。DropBox側は、自社の落ち度ではなく、他のサービスから漏れたIDとパスワードを使われたのだろうと主張していますが、いずれにしてもクラウドサービスを使っていなければ漏洩はなかったでしょう。

また、同じ年に海外のセレブのプライベート写真が漏洩する事件がありましたが、その中にはDropBoxからの漏洩もあったと言われています。

クラウドサービスに障害が起きて利用できなくなることもあります。

2014年1月には、DropBoxが全世界で48時間以上停止したことがありました。ことほど左様にクラウドサービスは、普通に情報漏洩するし、トラブルで停止するし、犯罪に利用されることもあります。それを前提に利用することが望ましいでしょう。

5章

普及型サイバー犯罪の脅威
万引きより簡単。電子スリからサーバ攻撃まで

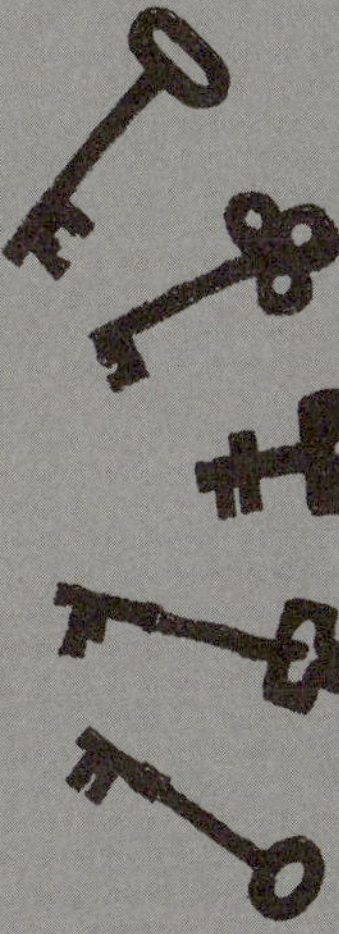

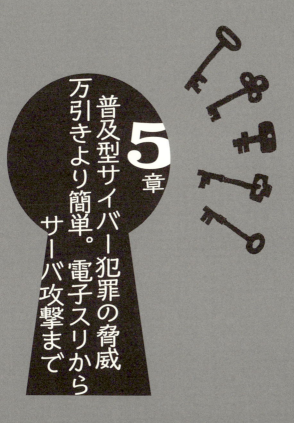

近年、サイバー犯罪のニュースを目にすることが多くなりました。サイバー犯罪の件数もサイバー犯罪者の人数も確実に増えています。サイバー犯罪者というと映画やアニメに登場する天才ハッカーというイメージを持つ人は少なくありませんが、実際にはごく普通の人であることが少なくありません。

技術力のある人でないとサイバー犯罪など不可能と思っているかもしれませんが、現実は違います。サイバー犯罪のためのツールが安価にたくさん提供され、誰でも簡単にサイバー犯罪を行えるようになってきたのです。

2014年9月18日、警視庁サイバー犯罪対策課は16歳の高校1年生をゲームサーバにDDoS攻撃を行ったとして書類送検しました。攻撃を受けたサーバは10時間にわたり、正常に稼働できなくなっていました。商用のゲームサーバをダウンさせるような攻撃を行った彼は、凄腕のハッカーなのでしょうか？　そうではありません。彼は、少額で大量のアクセスを指定したサーバに送りつける海外のサービスを利用したのです。技術力は必要ありません。そのようなサービスがあることを知っていれば、誰でもできることです。

非接触型の決済方法（クレジットカードやApplePayなど）が普及していますが、携帯型の決済端末があればそれを近づけるだけで持ち主の気づかないうちに決済してしまうことができます（現時点では、困難と言われていますが時間の問題で可能になるでしょう）。

いわば電子スリです。簡単に誰にでもできてしまいます。

これからのサイバー犯罪は、特別な知識や技術を持たない人々が行うようになっていきます。当たり前ですが、腕利きハッカーよりも圧倒的にたくさんいます。つまり、サイバー犯罪は増加の一途をたどることは間違いないのです。

そしてツールを使って行われるサイバー犯罪には、検知できない、防御できないものもあります。使うのはあまり知識のない人でも、ツールを開発したのは腕利きですから、その威力は充分なのです。

そして、あなたの家族の誰かが魔が差して犯罪に手を染める可能性もないとは言えません。なにしろ、万引きよりもはるかに簡単に行えるのですから。自覚なきサイバー犯罪は、これからどんどん増えてゆきそうです。

知っておきたい関連用語

DDoS攻撃

狙うサーバに許容量を超える大量のアクセスを行って、停止状態に陥らせる攻撃のことをＤＤｏＳ攻撃と呼びます。弱点を攻撃するわけではないので、ほとんどのサーバに対して有効です。

初期は、大人数で一斉にアクセスして、Ｆ５キー（ＷＥＢページを再読み込みするためアクセス負荷がかかります）を連打する攻撃や、大人数で攻撃用ツールを使って攻撃していました。現在は、人数に頼らない、ボットネットやクラウドサービスを活用した攻撃方法へと移行しています。

マルウェア開発ツール

かつてマルウェアは、ひとつひとつ手作りされていましたが、最近では開発ツールを用いて作られるものが圧倒的に多くなっています。機能分化し、マルウェアを利用して犯罪を行う者と、マルウェアを作る者が分れてきたのです。

サイバー犯罪が美味しいものになってきたため、犯罪を行いたい人が増加しました。しかしサイバー犯罪を行うためには、知識や技術が必要で、誰でもできるというものではありません。そこで、特別な知識や技術がなくても手軽に犯罪を行えるようにしたツールが作られました。そのひとつがマルウェア開発ツールです。

これを使えば簡単に自分だけの新しいマルウェアを作って、サイバー犯罪でお金を儲けることができるのです。おかげでマルウェアを使ったサイバー犯罪のハードルが下がりました。マルウェア開発キットの価格も年を追うごとに安くなっており、無料のものも現れました。

? ツイッター連携アプリ

ツイッター連携アプリというのは、ツイッターのアカウントでログインして利用することのできるサービスです。利用開始に当たって、どこまでなにを許可するかの確認があります。許可を与えると、勝手にツイートする、他のアカウントをフォローやリムーブする、プロフィールを書き換える、ダイレクトメッセージ（DM）を送る、ツイートやDMの内容を読むなどのさまざまな行為をアプリができるようになります。

よく考えると、勝手にツイートされたり、DMを送られるのはひどく危険なことです。自分の意思とは関係なく、連携アプリが勝手になにかをつぶやいてしまうんですから。ところがほとんどの人は、連携アプリの利用を開始する際に、あまり許可の内容を確認せずにOKしてしまいます。そのために、いろいろなトラブルが起きています。

最近、よくあるのは、「信じられないこの画像」といった煽り文句とリンクつきのツイートを勝手に連携アプリがつぶやくというものです。ネタは人気アイドルの情報や写真だったり、事件だったり、事故画像だったり、勉強法だったりさまざまです。

リンクをクリックし、記事を読もうとすると、連携アプリの許諾画面になります。そこで許可を与えると、連携アプリの利用が始まってしまいます。このアプリは、最初に見たツイートと同じものを一定時間おきにツイートするもので、ツイートをクリックした人へ感染を広げているわけです。その目的の多くはアフィリエイトのようです。

サービスとしての犯罪(crime as a service)

以前はサイバー犯罪を行う人物と犯罪を企画する人物が同一のことが多かったのですが、最近では機能分化が進んでいます。犯罪を企画する人物がサイバー犯罪を行う技術力を持った人に依頼するようになっています。依頼を受ける方は、いちいち手動で対応するよりも自動化した方が楽です。ネットの画面で依頼したい犯罪の内容を指定すると自動的に依頼のための支払いが行われ、犯罪が実行されるようになったり、攻撃のためのマルウェアを自動生成するキットの販売とサポートサービスを行ったりしています。

まるで普通の企業のようにネットで犯罪を請け負うようになっており、アフィリエイトや広告と変わりがありません。

ボットネットレンタルサービス

文字通り、ボットネット（ボットネットについては、127ページをご参照ください）を安価にレンタルしてくれるサービスです。ネット上から手軽に申し込むことができます。ボットネットの利用方法は、さまざまにあります。DDoS攻撃を仕掛けたり、自作のマルウェアの感染を広げたり、情報を盗んだり、踏み台にしてどこかのサイトに攻撃を仕掛けたりできます。

従来はボットネットを構築するのと、犯罪を行うのが同じ人物だったのが、産業の拡大によって機能分化してきたのです。ボットネットの構築には特別な知識や技術が必要でしたが、お金を払って利用するだけなら知識や技術は不要です。

数万台のボットネットを使ったサイバー犯罪というと、手練れのハッカーの仕業に見えますが、誰でもお金さえ払えば簡単に実行できるのです。そしてその依頼金額は、どんどん安くなっています。

どんな脅威があるのか

サイバー犯罪は、もはや万引きと大差ない手軽で身近なものになっています。万引きの認知件数は10万件から15万件で、表に出ていないものを含めるとさらに多くなります。

しかもサイバー犯罪は、万引きに比べても罪の意識が低く、悪いことをしている実感がなく、なおかつ特別な知識や技術なしで誰でも手軽に実行でき、さらに逮捕されにくいという非の打ち所のないお得な犯罪なのです。問題は、誰でも犯罪者になれるように、誰でも被害者になる可能性があるという点です。

万引きの場合はスーパーやデパート、書店などの商店が被害に遭いますが、サイバー犯罪ではネットを利用している全ての人が被害に遭う可能性があります。ここがこれまでの普及型犯罪と異なる点です。普通の人々が普通の人を狙った犯罪を繰り広げるようになっています。

中学生でもお年寄りでも、スマホやパソコンを持っている人なら誰でも犯罪を行えると思ってよいでしょう。つまり、あなたのお子さんはもちろん、お年を召されたご両親だってサイバー犯罪の担い手になる危険性があるのです。

振り込め詐欺に引っかかるお年寄りが、まるで犯罪ではないかのように、言葉巧みに勧誘してくるサイバー犯罪の誘いに乗ってしまう可能性は低くありません。

「うちの家族はそんな犯罪に手を染めたりしません」と考えるかもしれません。では、「ロト6の抽選結果を事前に教える」という詐欺が流行っているのをご存じでしょうか？　莫大な金額の被害が発生し、社会問題になっています。抽選結果が事前にわかるとして、それを教えてもらってくじを買うのは犯罪ではないのでしょうか？　こうした手口にひっかかる人が少なくないということは、同様に「自宅でできる簡単なお仕事」という触れ込みのサイバー犯罪を行ってしまう人がいても不思議ではありません。

人間には欲があります。手軽にお金を増やせるなら増やしたい。それがはっきり犯罪とわかっていれば躊躇しますが、グレーゾーンで誰でもやっていることだから、そんなに悪いことではないからと言われればつい手を出してしまう可能性があります。

興味深いデータをご紹介します。チェックポイントシステムジャパンが2014年11月6日に公表した『小売業のロス対策に関する世界調査報告書』によると、日本における万引き被害金額は約102億ドル（約9984億円）で、調査対象24か国中3番目に高額でした。素直に読めば、日本は世界的に見ても万引き大国だということになります。リアルの万引き犯が、サイバー空間でも万引き感覚で、サイバー犯罪に手を染める可能性は低くないでしょう。

サイバー犯罪者になってしまうパターンは、これまでお話しした犯罪そのものを実行する以外に、『出し子』をするパターンもあります。『出し子』というのは、銀行のATMや窓口から現金を引き出す係のことを指します。サイバー犯罪で得たお金を現金化する際に、犯罪を行った人が自分でやるのではなく、誰かを雇ってやらせることがあります。その時、雇うのが『出し子』と呼ばれる人たちです。指定された口座から指定された金額を引きだすだけなので、罪に問われないような気がしますが、立派な犯罪です。

そして嫌なことに普及型のサイバー犯罪だからといって、防御しやすいというわけではないのです。なぜなら、そのツールを提供しているのが腕利きのプロだからです。

手榴弾や拳銃のような武器を持ったら、たとえ素人でも危険度が大きくなるのと同じです。武器のことにくわしくなく、使い方がうまくなくても、目の前で引き金を引けば人を傷つけることができますし、手榴弾のピンを抜けば爆発して損害を与えることができます。同様に、攻撃力のあるツールを使えば、充分威力のある攻撃を行うことができるのです。

ますます拡大するサイバー犯罪

サイバー空間は、どんどん拡大しています。サイバー空間で独自に成長したものもあれば、リアルの社会にあったものがサイバー空間に移動してきたものもあります。犯罪集団もそのひとつです。独自の進化を遂げたサイバー犯罪者集団と、リアルの社会から進出してきた犯罪集団、そして素人犯罪者たちが渾然一体となって、新しいサイバー犯罪社会を作ろうとしています。

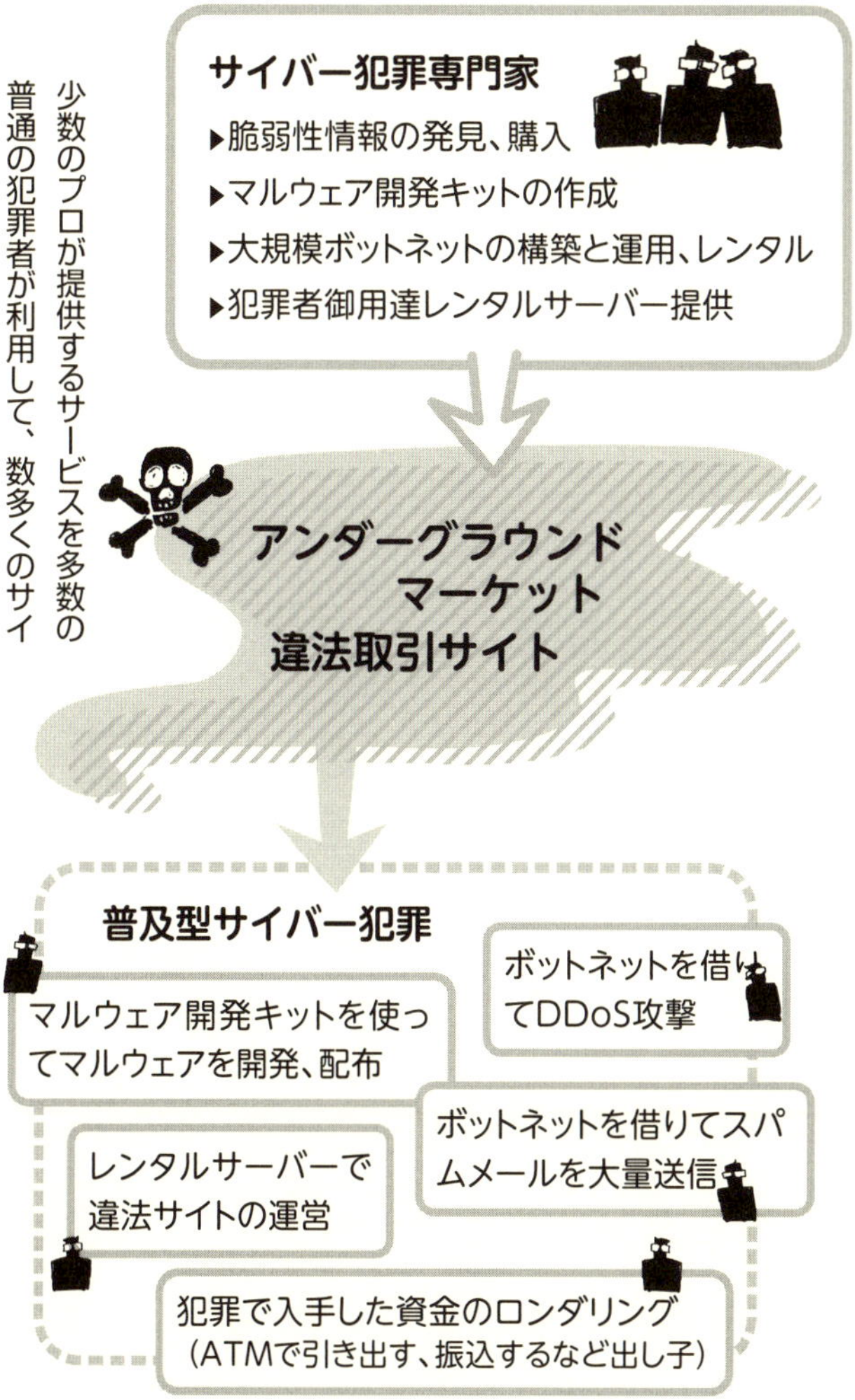

少数のプロが提供するサービスを多数の普通の犯罪者が利用して、数多くのサイバー犯罪を仕掛けているのです。

繁華街にヤクザがいるのが当たり前のように、サイバー空間に犯罪者がいるのは当たり前のことなのです。そして、ギャンブルが禁止されているにもかかわらず、公然と換金可能な景品を出す遊技場が全国に存在するように、売春が禁止されているにもかかわらず公然とセックスを売り物にするサービスが全国の繁華街にあるように、サイバー空間にもお目こぼしされる犯罪サービスが出てきている国もあります。我々の社会は常に犯罪をその一部として組み込んでいるもののようです。

サイバー空間における犯罪の構造は、おおよそ出来上がってきましたので、末端のサイバー犯罪者の増加は避けられません。

近年マルバタイジングと呼ばれる攻撃が増加しています。これは広告ネットワークを介して配信される広告にマルウェアが仕込まれているわけですから、その広告を掲載しているサイトは攻撃を幇助していることになります。これまで広告を掲載するサイトは自分たちがサイバー犯罪に加担するとは全く考えていなかったでしょう。

マルバタイジングを助長するようなグレーゾーンのきわどい広告が増加する可能性があり、一歩間違うとたくさんのサイトが犯罪ネットワークとして機能するようになります。このようにして、インターネット上のあらゆるものがサイバー犯罪の入り口になっていきます。

サイバー犯罪に手を染めないために

サイバー犯罪の被害者にならないための注意事項は、別の章に書きました。ここでは、自分や家族が普及型サイバー犯罪を行わないようにするための注意を書いておきます。

前述したように、罪の意識なく手軽に行えるものですから、あなた自身や家族が犯罪を行う可能性は低くありません。

誰でも簡単にサイバー犯罪を行うことができて、捕まりにくいときているのです。やらなきゃ損と考えてしまっても不思議はありません。それでもこれは犯罪であり、決して許されることではないのです。一度犯罪に対するハードルを下げると、「まだ大丈夫」「これくらいなら」と歯止めがきかなくなってゆき、逮捕されるまで止められなくなりかねません。なにしろ、スマホをいじるだけでお金が手に入るのですから、麻薬のように一度はまると抜けられなくなる人もいるでしょう。

サイバー犯罪の罠にはまらないようにするには、甘い言葉に騙されない、うまい話は疑ってかかることが基本です。しかし、ネット上の合法的なサービスでもうさんくさいものはたくさんあります。アフィリエイトサービスに出稿している広告主の中には、ほんとうに大丈夫なの？　と思うような広告を出している企業も少なくありません。犯罪なのかどうかを判断するのはむずかしいと言えます。

自分が利用しようと思っているものが犯罪につながるものではないかを、事前に確認する方法はいくつかあります。

検索する

一番単純で効果的なのは、検索してみることです。サービス名称やうたい文句、業者名、サービスのURL、ソフト名などで検索してみれば、著名なサイバー犯罪関連のものならすぐに見つかります。

警察、IPAなどのサイトをチェックする

警察、IPAなどのサイトに情報が掲載されていることもあります。検索では見つからなくても、直接警察、IPAなどのサイトを見ると、「これはもしや」と思い当たることがあるかもしれません。

提供業者をチェックする

まっとうな事業者であれば事業者の名称と連絡方法が記載されているはずです。事業者名で検索して、会社の規模、事業内容、所在地、ドメインなどをチェックできます。会社がWEBで使っているドメインが、紹介しているサービスのドメインと異なっていたら、その会社を騙っている可能性があります。

スパムメール

スパムメールの情報を提供しているサイトなどがあります。そこをチェックすると、騙しの手口や業者名などがわかることがあります。

普及型サイバー犯罪の主な特徴をあげると次のようになります。

- 特別な知識や技術が不要。誰でも犯罪を行うことができ、誰でも被害者になり得る可能性があります
- 罪の意識のない犯罪、実感のない犯罪です
- 逮捕されにくい犯罪です。特に支援サービスを提供しているプロは捕まりにくい
- 犯罪かどうかを見極めることが難しいため、自覚なくサイバー犯罪者になってしまうこともあります
- 検知しにくい、防御できない攻撃も少なくない

自分や家族がサイバー犯罪者にならないためには、ネットでお金を得るサービスを利用する前に充分確認しましょう。

セキュリティ シミュレーション 1

中学校に入学した清水芳己《しみずよしみ》くんは、パソコンクラブに入部しました。以前からパソコンに興味を持っていて、中学入学のお祝いに買ってもらったのでした。

入学してから先輩から簡単なプログラムを教えてもらったり、ネットサーフィンしておもしろいサイトを見つけたりしていました。

ネットゲームもやるようになり、だんだん1日のうちでパソコンと向き合っている時間が長くなってきました。夜の10時過ぎになると、清水くんの好きなネットゲームのプレイヤーが増えて、チームプレイがしやすくなるのです。

やがて、清水くんにはネットゲーム仲間ができ、ネットゲームの中だけでなく、ツイッターやLINEでも親しくやりとりするようになりました。それぞれ年齢も性別もよくわからない相手ばかりですが、あまりこだわらずに楽しく遊んでいました。

ネットゲームは原則無料ですが、より強くカッコよくなろうと思うと武器などのアイテムを買うのが手っ取り早いのです。大人のプレイヤーは、お金をたくさん持っているので、アイテムを買って強くなってゆきます。清水くんは、それを見て悔しく思いました。テクニックでは負けないのに、強力なアイテムを持っている相手にはなかなか勝てません。ずるいと思うと同時に、自分だってアイテムがあればと思うようになりました。そのことを同じチームの仲間に話すと、いとも簡単に清水くんが欲しがっていたアイテムをプレゼントしてくれました。清水くんが驚くと、そのうちなにかで返してよ、と言われました。

そんなことが何度かあり、清水くんは同じチームの仲間数人からアイテムをもらってどんどん強くなってゆきました。

ある日、同じチームの仲間でＬＩＮＥで話していると、よくわからない話題が始まりました。

――そろそろ『狩り』をやるか。みんな足りないだろ？

――そうね。やろう。ツイッターでいいよな。

――目標は？

――オレたち、８人だろ。ひとり当たり10万円ぐらいでいいんじゃない？

清水くんは、わけのわからない話を緊張して聞いていました。どうもよくない相談のように思えたのです。

――なにやるの？

――お前、初めてだっけ？『狩り』だよ。簡単。ツイッターアカウント作って、いろんなヤツをフォローして、１０００人くらいフォロワー集めてから、『罠』をつぶやくだけ。

――なにそれ？

――『罠』だよ。お前のツイートを見たヤツが、ゲームサイトにアクセスすると、そいつのＩＤとパスワードがこっちに送られてくるんだ。それでアクセスして、中の金やアイテムをそのままいただくわけ。

――……それってヤバイんじゃない？

――ヤバくないよ。だって、大人は金でアイテム買ってるんだもん。こっちは頭を使って、『罠』で対抗するしかないじゃん。

――ばれるんじゃない？

――ばれないよ。アイテムは、業者に売っちゃうし、金だけ使うんだ。みんなやってるよ。やってないと強くなれないぜ。

――そうなの？

――みんな、やってるけど、捕まったヤツなんかいないぜ。運営側も黙認してるんだ。だって、そうしないと金持ってるヤツしかゲームしなくなるじゃん。

――そうなんだ。

みんなの説明を聞いているうちに、だんだんそんなに悪いことではないように思えてきました。それに捕まらないなら安心です。清水くんは、やり方を教えてもらって、新しくツイッターアカウントを作り、罠を張りました。

1週間後、最初のひとりが罠にかかりました。悪いことをしたというよりも、やった！という喜びの方が大きく、清水くんは罠に熱中しました。

こうして清水くんは、8人を罠にかけ、およそ20万円分のアイテムやお金を盗み取りました。

みんなで稼いだ分を分けました。清水くんには10万円くらいのアイテムとゲームで使えるコインが手に入りました。自分が儲けた金額よりも分け前が少ないことに清水くんは不満でしたが、初めて狩りに参加したからと説明されて、渋々納得しました。

新しく手に入れたアイテムでチームは劇的に強くなりました。ランキングでもどんどん上になってゆきます。これまで歯が立たなかった相手に勝てるようになると、楽しくて仕方がありません。そして罪の意識はなくなっていました。

ある日、仲間のひとりがネットから消えました。毎日何時間も一緒にネトゲをしていたのに、数日間連絡が途絶えたので、みんなは不思議に思い、チームメンバーが足りなくて困っていました。

その理由がわかったのは1週間後です。清水くんの家に見知らぬ大人が数人訪ねてきたのです。その人たちは、警視庁から来たと名乗りました。

コラム

できるだけ安全にネットを利用する方法

難易度 ★★★

どんなに防御を固めても侵入されてしまう時代です。あまり知られてはいませんが、有効な防御方法をご紹介します。

ネットバンキングなど重要な処理を行う時は、書き換えられることのないＣＤ－ＲＯＭからシステムを起動するというものです。パソコンが感染していたとしても、ＣＤ－ＲＯＭから感染していないシステムを起動して、感染している危険のないＷＥＢブラウザでネットバンキングにアクセスすれば安全という発想です。

ちょっと聞くと面倒くさそうに思えますが、実際にやってみるとそうでもありません。多くのパソコンでは、ＣＤ－ＲＯＭドライブにＣＤ－ＲＯＭをセットして電源を入れるだけでシステムは起動しますので、あとはＷＥＢブラウザを使ってネットバンキングにアクセスするだけです。

こうしたＣＤ－ＲＯＭは一般にＬｉｖｅＣＤと呼ばれ、昔から緊急措置や外出先で使用するために用いられたものです。それを安全なアクセスにも利用するアイデアです。この方法は、サイバーセキュリティジャーナリストとして世界的に有名なブライアン・クレブスさんが紹介しました。

Banking on a Live CD
http://krebsonsecurity.com/2012/07/banking-on-a-live-cd/

似たものとして、USBアダプタを使うZeusGardも有効な方法と紹介されています。

Wireless Live CD Alternative: ZeusGard
http://krebsonsecurity.com/2014/07/wireless-live-cd-alternative-zeusgard/

この方法は安全性の高いものですが、ひとつ問題があります。利用者に一定の知識と技術が必要という点です。まず、多くの人が利用しているのはパソコンのOSマイクロソフト社のウィンドウズですが、ウィンドウズのLiveCDはありません（少なくとも今回の目的に使えるようなものは）。そのため、リナックスなど使い慣れていないシステムを使わなければならなくなります。WEBブラウザを使うだけなので、知らなければならないことはわずかなのですが、それでも慣れないものは使いにくいものです。

また、パソコンによっては設定を変更しないと、CD－ROMから起動できないものもあります。設定変更するための知識が必要になってきます。

サイバーセキュリティのことを真剣に心配し、学んでいこうと考えている方にはよい機会になるので、LiveCDを試してみることをお勧めます。

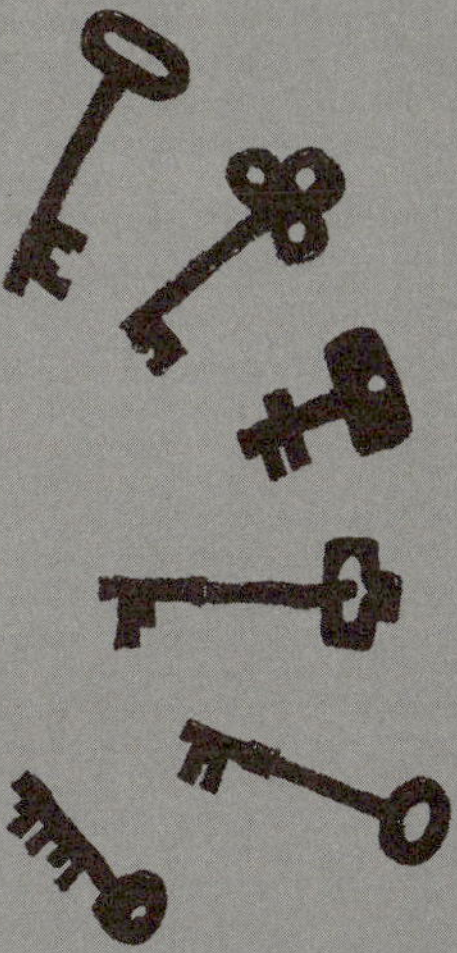

6章
パスワード、認証
超人でなければできない管理の強要はいつまで続くのか？

インターネットを利用していて管理に困るものはたくさんあります。その中でも、もっとも重要で深刻なのがパスワードの管理です。パスワードは言ってみれば家の鍵です。大事なもののはずなのですが、ついおっくうでおろそかにしがちです。

ちゃんと管理できていないのは、一般利用者だけではありません。大手企業のWEBサイトの中にも管理不充分なところはあります。なにしろ、ついこの間まで全日空や日航のサイトは、たった4桁の数字をパスワードにしていたのです。当然のように不正アクセスされ、修正を余儀なくされました。このように、パスワードは大事なものという認識は持っていても、実際の運用に当たっては、おろそかになってしまっている人や会社は少なくありません。

とはいえパスワード管理は、ちゃんとやろうとすると想像以上に面倒なのも事実です。

▼長くて推測しにくいものを設定しなければならない

これはそのまま人間が記憶しにくいものでもあります。

▼定期的に変更しなければならない

3カ月に1回変更すると、年に4つのパスワードを新たに設定し、覚えなければならなくなります。5つのサービスを使っていれば20個となり、覚えるのは難しくなります。

▼サービスごとに異なるパスワードを設定しなければならない

たくさんのパスワードを管理しなければなりません。サービスごとに設定していると、5から10くらいのパスワードは必要になるでしょう。多い人は、20を超えるかもしれません。こうなってくると、暗記できるレベルではなくなってきます。

この3つをきちんとこなすのは、はっきり言って並みの人間の手には負えません。利用者に代わってパスワードを記憶しておいてくれるソフトなどの補助があって初めて可能になります。なかには可能な人もいるとは思いますが、多くの人はそうではないでしょう。

なお、「定期的に変更しなければならない」は、長い間金科玉条のごとく信じられてきたパスワード管理の基本ですが、最近ではそれほど重要ではないと考えられています。優先度は低いと思ってよいでしょう。

そしてもっとも重要なことは、パスワードや生体認証を含め、あらゆる認証は破られる前提でネットを利用した方がよい時代になっているということです。

知っておきたい関連用語

？パスワード管理ソフト

文字通りたくさんのパスワードを利用者に代わって管理するソフトです。サイトごとのパスワードを記憶しておくだけでなく、左記のような機能を備えているものが多いです。

▼サイトにアクセスした際、自動的にパスワードを入力する
▼パスワード以外のシリアルナンバーやクレジットカード情報なども記憶してくれる
▼新しいサイトにアクセスした際、自動的にパスワードを記憶してくれる
▼異なる装置（パソコン、スマホ、タブレットなど）で記憶したパスワードを共有できる
▼破られにくいパスワードを生成する機能がある

どれも便利そうなもので、たくさんのパスワードを使わざるを得ない利用者にとって助けになります。

ただし、忘れてはならないことがひとつあります。当たり前ですが、パスワード管理ソ

フトから情報が漏洩すると、全てのパスワードが盗まれてしまうのです。

クラウド型のパスワード管理ソフトはインターネット上のサーバにパスワードを記録していますので、そのサーバがハッキングされると全てのパスワードが奪われてしまう危険があります。ローカルにパスワードを保存するタイプのものも同様の危険があります。

リスト型アカウントハッキング攻撃、パスワードリスト攻撃

近年、リスト型アカウントハッキング攻撃あるいはパスワードリスト攻撃と呼ばれる攻撃が増加しています。これは、なんらかの方法で入手したＩＤとパスワードを使って、不正ログインを試みる攻撃です。

インターネットには、非合法な情報などを売買するブラックマーケットがあります。そこで、どこかのサイトから盗まれたＩＤやパスワードを購入し、他のサイトに不正アクセスを試みるのです。パスワードを使い回す人が多いことから可能になった攻撃です。

成功率は、10パーセントを超えるようなことはなく、1パーセント未満のものが多数と、決して高くはありません。数十万件のＩＤやパスワードを安価に購入できたからこそ、可能になった攻撃です。

非常に単純な攻撃なのですが、単純なだけに防ぐのがきわめて難しいとも言えます。な

にしろ、攻撃を受けたサイトになにか問題があったわけではないのですから、対策といってもできることはほとんどありません。大きな脅威のひとつと言えるでしょう。

ブルートフォース攻撃

ブルートフォース攻撃とは、パスワードを破る攻撃の一種で総当たり攻撃と呼ばれることもある攻撃方法です。考えられる全ての組み合わせを使ってパスワードを解読しようとします。単純ですが、理屈では必ずどんなパスワードでも解読できます。ただし、長いパスワードの場合、気が遠くなるほどの時間がかかってしまいますが。

辞書攻撃を含んで、ブルートフォース攻撃と呼ぶこともあります。

辞書攻撃

辞書攻撃は特定の分野などで使われる言葉を元にパスワードを推測します。例えば、植物の名前、小説のタイトルなどがそれに当たります。攻撃する対象が関心を持っている領域がわかっていれば、それを中心に攻撃できるので、効率的に当てられることもあります。

？ハッシュ

ハッシュとは、データを異なるデータ（ハッシュ値）に変換する方法です。ほとんどの場合は元のデータよりもかなり小さいものとなり、元のデータに復元することができません。暗号化は、元のデータに復号することができますので、この点が異なります。

あるデータが改竄されていないかどうかを確認したり、パスワードそのものを保管する代わりにハッシュ値を保管して安全を確保するために用いられます。同じパスワードからは常に同じハッシュ値が生成されますので、保管されているハッシュ値と入力されたパスワードのハッシュ値が一致しているかどうかで正しいパスワードが入力されたかどうかを確認できます。万が一、保管しているハッシュ値が漏洩してもハッシュ値からパスワードを復元することはできないので安全というわけです。

？レインボーテーブル

前述のようにハッシュ値から元のデータを復元することはできません。しかし、可能性のある全てのデータのハッシュ値をあらかじめ作っておいたら、どうなるでしょう？　ハッシュ値から逆引きすることで、元の値を得ることが可能になります。そのためには莫大な量の計算とその結果を短い時間で検索するための仕組みが必要となります。それを実現したものがレインボーテーブルです。これを用いることで、本来は復元不可能なハッシュ値から元のデータを復元することができます。

レインボーテーブルは威力のある解読方法ですが、対抗策もあります。salt（ソルト）やストレッチングと呼ばれるものです。ソルトは、パスワードに特定の文字列を付加することで推測を困難にする方法です。ストレッチングはハッシュの計算を何度も繰り返し行うことです。これらを行うことで推測を困難にしています。

ワンタイムパスワード

ワンタイムパスワードとは、文字通り1回限りの使い捨てのパスワードです。毎回新しいパスワードを使います。利用するサイトからメールでパスワードが送られてくる方式や、所定の端末（トークンと呼ばれるUSBメモリくらいの大きさの装置もしくはカード）を操作して表示させる方式がよく使われています。

利用の際に、ID、通常のパスワードさらにワンタイムパスワードを使用するのです。サイトへのログインに使う場合と、振り込みなどの高い保護を必要とする処理の際にワンタイムパスワードを要求する場合などがあります。

その都度違うパスワードを使うので、万が一パスワードを知られても悪用される危険は少ないといえます。残念なことに、欧米に比べ日本の銀行はあまり採用していないようです。そのかわり、日本の銀行は、指紋や静脈のような生体認証を採用しています。後述するように生体認証は「変更できないもの」を用いる方法のため危険です。

多要素認証

多要素認証とは文字通り、複数の認証方法を併用することです。一般的によく用いられるのは、パスワードによる認証と、その他の認証の組み合わせです。例えば、パスワードで認証した後、携帯電話にＳＭＳ（ショートメール）を送り、そこに記載されたコードを入力することによって確認する方法などが用いられます。

いちいち入力するのは面倒という場合には、アクセスに利用するパソコンなどの装置にあらかじめキーを登録し、アクセスの際に自動的に認証するやり方もあります。

認証連携

インターネット上のサービスを利用する際に、「ツイッターアカウントでログイン」「フェイスブックアカウントでログイン」という表示をご覧になったことがあると思います。それが認証連携です。

認証を行うサイト（ツイッターやフェイスブックなど）と、サービスを利用するサイトが異なっているため、サービスを受けるサイトごとに、あらためて新しいＩＤとパスワードを持たなくてよいというメリットがあります。また、当たり前ですが、サービスを受けるサイトで情報漏洩があってもＩＤとパスワードが漏れる心配はありません。

生体認証

銀行のＡＴＭなどを始めとして生体認証がよく使われています。しかし生体認証は、「変更できないパスワード」である時点で認証に用いるものとしてふさわしくありません。

生体認証の主な問題は次の通りです。

- 変更できない。
- 認証できなかった場合の回避方法が用意されているため、実質的な強度は回避方法と同じかそれ以下となります。例えば、同一人物であるにもかかわらず認証されたないことや、怪我などによって認証することができないことがあります。そのような時のための回避策として、通常のパスワードでのログインなどが用意されています。こうなると強度は通常のパスワードと同じかそれ以下になってしまいます。かといって回避策がなければ実用上大きな問題となります。

▶異なる人物の指紋でも認証してしまう精度上の問題があります。高い精度で認証すれば、同じ指紋を持つ人物はふたりいないはずですが、精度を高めれば高めるほど、本人の指紋であっても認証されない確率も高まります。また、装置のコストも高くなります。実用上は精度を低めざるをえません。精度を低めるというのは端的に表現すると、「他人の指紋でも認証される確率が高くなる」ということです。スマホやパソコンなどで使用されている認証装置の精度があまり高くないことを考えると、第三者の指紋を誤って認証してしまう可能性を忘れるわけにはいきません。

▶装置を騙して認証を通ることのできる方法が開発されています。指紋認証を騙せる偽物の指は有名な話ですが、それに限らず、さまざまな生体認証方式に対して、騙し方が研究され、開発されています。複製が可能となった段階で、変更できないパスワードである生体認証の有効性はなくなります。

▶生体認証情報が外部に漏洩した場合、致命的な問題を引き起こす可能性があります。生体認証、例えば指紋は、個人を識別する非常に有力な手がかりとされています。それを盗まれ、複製された場合、犯罪などに利用される可能性があります。

これだけの問題があるにもかかわらず、生体認証は広まりつつあるので、個々人が危機意識を持って自衛することが大事です。生体認証はできるだけ使わないようにして、生体認証を推進するような会社やサービスは疑ってかかりましょう。

私はかなり以前から生体認証には致命的な問題があると指摘してきましたが、さすがに疲れてきました。拙著『サイバークライム　悪意のファネル』の登場人物のひとりがこう言っています。「変更できないパスワードを使うなんて、正気の沙汰とは思えません。正気でない人に正論を言っても理解してくれませんからね」。まさしくその通りなのです。議論は成立しません。

パスワードの身代金　ランサムウェア、スケアウェア

ランサムウェアとは、パソコンやスマホあるいはサーバの持ち主を脅迫して金を要求するマルウェアです。

例えば、サーバに侵入し、サーバ上にあるデータを暗号化して、元に戻してほしければ金をよこせと要求したりします。いわば『パスワードの身代金』。

個人のパソコンに感染し、そこのデータを暗号化して、復号キーがほしければ金を送れ

というものや、金を送金するまでパソコンを使えなくするもの、あるいはFBIなどの警告を表示し、あなたは法に違反したから罰金を支払いなさいというものまで、あの手この手でお金を巻き上げようとします。おどして送金させるタイプのマルウェアは、被害者を脅かすことから、スケアウェアと呼ばれることもあります。

パスワード認証の現実

なんらかのサービスを利用する際に、利用者本人であることを識別、同定するために認証が必要となります。IDとパスワードは、そのひとつに過ぎません。利便性が高いため、もっとも使われています。

一般的に認証方法には3つの種類があります。

▼本人しか知らないことで確認する
▼本人しか持っていないことで確認する
▼本人であることを確認する

パスワードによる認証は、もはや破られることが前提

パスワードによる認証は、「本人しか知らないことで確認する」に当たります。他にも生年月日や家族の名前など本人以外では、なかなか知り得ないことで確認することもあります。ただし、ソーシャルネットワーク全盛時代、個人情報漏洩時代にあっては、「本人しか知らないこと」がどこまで有効なのかははなはだ疑問です。生年月日や家族の名前などは簡単に知られてしまうでしょう。パスワードも使い回していればどこかで漏洩して知られ

前提

- 多くのサービスは安全性よりも利便性を優先している
- 破られることを前提に準備をしておく

＋

パスワードの設定

- 破られにくいパスワードを設定する

＋

パスワード利用時の注意

- パスワードの使い回しをしない
- 必要に応じてパスワード管理ソフトを利用する

＋

万が一の時のため用意

- 多要素認証はできるだけ設定する
- ログインアラートなどパスワードが破られたことや不正アクセスがあったことを知る方法を用意する
- 不正利用された時の連絡先と被害を食い止める方法をメモしておく

てしまいます。

スマホや携帯電話の製品固有の情報で認証するのは、「本人しか持っていないことで確認する」に当たります。物理的なトークンを用いたワンタイムパスワードやUSBキーも同様です。

指紋や光彩を用いた生体認証は、「本人であることを確認する」に当たります。とはいえ偽装することが可能で、変更できないという問題があります。

認証方式は、なりすましをされる危険性が少なく、利便性の高いものでなければなりません。IDとパスワードは利便性は高いものの、簡単になりすまし可能です。安全性よりも利便性が優先されるのは、その方がより早くより安価にサービスを構築、提供できるためと考えられます。

現在、広がりつつある生体認証もセキュリティ上の問題があるにもかかわらず、忘れることがないという利便性を優先して採用されているようです。

そのため、あらゆる認証は突破されると考えた方がよいと思います。重要なのは、破られた時にいち早くそのことに気づくことのできる仕組みと、被害を最小に食い止める仕組みです。

言い方を変えると、認証が破られることが前提の時代に私たちは生きているのです。大げさなように聞こえるかもしれませんが、リアルの防犯を考えてください。泥棒があなたの家を狙った時に、完璧な守りを固めているでしょうか？　やろうと思えば入れるかもしれないけど、そこまでしないだろう。あるいは入られても大事なものは家の中に置いていないから大丈夫だ。そう考えているのではありませんか？　実際、リアルの防犯は完璧にこなすのはとても大変で、コストも手間もかかります。それよりも、泥棒に入られた後のことも含めた総合的な対策を考えた方が効果的です。

▼サイトの信頼度と安全性
▼認証の仕組みの信頼度と安全性
▼パスワードもしくは認証キーの信頼度と安全性
▼不正利用があった場合の迅速な検知
▼不正利用があった場合の早期の対処

複数の認証方法で確認を取る多要素認証という方法も普及しつつあります。要するに、「複数の方法で確認すれば、破られにくい」ということなので破られた時は、一度に複数の情報を盗られてしまうことになります。

認証連携という方法も広がっています。ツイッターやフェイスブックあるいはグーグルアカウントを使って、他のサービスを認証する方法です。新しく情報を登録することなく利用できるので、情報漏洩のリスクを減らすことができます。とはいえ、元のツイッターやフェイスブック、グーグルのアカウントが盗まれてしまうと一気に連携しているサイトの情報も全て盗まれる可能性があるので一長一短です。

もうひとつの問題としては、現在のパスワード管理は、利用者に過剰な責任を押しつけていることです。具体的には左記のようなことです（「定期的なパスワードの変更」は一般的に言われていることですが、その有効性には疑問があります）。

▼定期的なパスワードの変更
▼推定されにくいパスワードの設定
▼サービスごとに異なるＩＤとパスワードを用いること

これら全てを普通の利用者が適切に行うことができると考えるのは現実的ではありません。にもかかわらず、現在は利用者側の責任になっています。

このような非現実的な想定のもとに行われているパスワード管理がいかに愚かなことかは、リスト型アカウントハッキング攻撃の台頭などからも明らかです。

いつか見直されることになると思います。

文字の組み合わせにすぎないパスワードには自ずと限界があります。そろそろパスワードではない認証方式が出てくると思われます。すでにさまざまな認証方法が出てきていますが、有力候補になっているのが生体認証というのは非常に危険です。

すでに述べたように生体認証には、さまざまな問題があり、そのほとんどは生体情報を使うことに起因しているため解決不可能です。それでも使うのは、忘れることがない（自分の指や網膜をどこかに置き忘れることはないでしょう）という点が大きいのでしょう。安全性よりも利便性を優先する判断は、パスワードにも通じるところがあります。

このように、さまざまなインターネットの仕組みは、安全性よりも利便性を重視する方向に進んでいます。この流れは今後も変わることはないでしょう。

今後、サイト側でこれまで利用者がすべきと言われてきたことを代替する仕掛けを持つようになることを期待したいものです。

個人認証はこうして守る

パスワードに関する基本注意事項は左記の通りです。

推測されにくいパスワードをつける

自分の個人情報からは推測できないこと。自分や家族の名前、ペットの名前、電話番号や郵便番号、生年月日、社員番号など、他人が類推しやすい情報はよくありません。

英単語などをそのまま使用していないこと。

アルファベットと数字が混在していること。

適切な長さの文字列であること。

類推しやすい並び方やその安易な組み合わせにしないこと。例えばキーボードに並んでいる通りにキーを打ったものなど。

パスワードの使い回しはできるだけ避ける

多要素認証はできるだけ設定する

多要素認証を設定できる場合は、できるだけ設定するようにしましょう。単純なパスワードの認証よりも安全になります。

不正アクセスがあったことを知る方法を用意する

ログインアラートなどを設定できる場合は設定しましょう。ログインアラートとは、ログインした際にその旨を知らせるメールが送られてくるものです。ログインに失敗した時にも送られてきます。自分がログインしていないのに、ログインアラートが送られてきたら、第三者がログインを行った（あるいは行おうとして失敗した）ことがわかります。

不正利用された時の連絡先と被害を食い止める方法をメモしておく

不正利用発見からサービス停止までの手続きがやりやすく、24時間対応可能なサービスを利用する

- 多くのサイトで言われているパスワード管理はかなり難しいため、パスワード管理ソフトなどを利用するか、ゆるめの管理をするしかない
- 推測しにくいパスワードの設定、使い回ししないこと、多要素認証はパスワード設定の基本
- 不正利用があった際に検知する方法を設定し、その後の連絡先などを把握しておく

セキュリティ シミュレーション 1

山岡《やまおか》さんは、ECサイトやメールサービス、マイレージなどほとんどのサービスで同じパスワードを使っていました。しかもそのパスワードも8文字で覚えやすいものでした。個人情報の漏洩やハッキングのニュースを見るたびに、「なんとかしないといけないかもしれない」と思いつつ、なかなか手がつけられませんでした。

ある日、同僚の藤沢さんと昼食に出た時、たまたまその話題になりました。

「頭大丈夫か？ ネットでクレジットカード決済までしてるのに、そんなことしてるのか？ いいカモじゃん」

藤沢さんはあきれた顔で笑いました。

「でもなあ、いちいち違うパスワードつけるのって大変だろ。覚えてらんないしさ。お前は、どうやってるんだ？」

山岡さんはよい機会だと思い、くわしそうな藤沢さんに質問しました。

「オレは、ほとんどのサービスはツイッターの認証連携を使ってるな。ほら、ブクログとか、ピクシブとか、ツイキャスとかああいうヤツ。クレジット決済とかネットバンキングは、それぞれ違うパスワードを設定してる。4つくらいだから覚えるのも楽だよ」

「でも、それって結局4つのパスワードを覚えてるんだろ？ オレには覚えられないなあ。それに、覚えやすいパスワードだとすぐに破られちゃうんだろ？」

「便利なソフトがあるんだよ。覚えやすいパスワードを破られにくいヤツに変換してくれる」

「それってどういう仕組みなの」

「例えば、fujisawa1106ってのは、オレの名前と誕生日だから簡単に破られそうなパスワードだろ。でも、そのソフトを使って変換すると、Trsg00456KIsPみたいな不規則な文字列になる。でもってTrsg00456KIsPから元のパスワードには戻せない。このソフトがあれば、いつでも同じように変換できるから便利だ。変換方法は複数あるから、パスワードそのものを変えずに変換方法を変えれば違うパスワードになるしな」

「そりゃ便利そうだ」

山岡さんは、そのソフトを利用すると便利そうだと思い、食事をしながら使い方を教えてもらいました。

昼食から席に戻った山岡さんは、さっそくそのソフトをインストールして使ってみようと思いましたが、インストールや設定に意外と手間がかかることに気づきました。生来面倒くさがり屋の山岡さんは、そのソフトの説明画面をながめながら、だんだんうんざりしてきました。

「なにを固まってるんです？」

通りかかった派遣社員の加賀谷さんという女性が、山岡さんの後ろから声をかけました。加賀谷さんは、データ入力のために短期で来てもらっている人ですが、パソコンやネットについて詳しいので重宝がられていました。

「いや、それがさ」

山岡さんは振り向くと、事の経緯を加賀谷さんに説明しました。山岡さんは既婚者ですが、愛想がよく美人な加賀谷さんを誘って何度か呑みに行ったことがありました。別に特別なことはなかったのですが、加賀谷さんは聞き上手で山岡さんは楽しくお酒を呑むことができました。そういったことがあったので、気軽に加賀谷さんに相談したのです。

「オレさ、ネット通販のAやB銀行のネットバンキング使ってるから心配なんだけど、いちいち覚えられなくてさ」

「山岡さんみたいな忙しい人には、面倒かもしれませんね。ちょっといいですか？」

加賀谷さんは、そう言うと山岡さんの横に立って、パソコンのキーボードに手を伸ばしました。加賀谷さんの身体が密着し、山岡さんはどきどきしました。

「パスワードをここのサービスに登録すると、全部覚えておいてくれるんですよ。いちいち、どこのサイトにどんなパスワードを登録したかなんて覚えておかなくていいんです」

加賀谷さんは、パスワード管理サービスを紹介してくれました。一度、そこにパスワードを登録すれば後は訪問するサイトごとにパスワードを自動的に表示したり、入力したりしてくれるのです。これなら面倒くさがりの山岡さんでもなんとかなりそうです。

「ありがとう。便利だね。でもさ、破られにくいパスワードはどうやって作ればいいのかな？」

「それは、文字数を多くして、いろいろな種類の文字を使うといいんですよ。いいサイトがあります。パスワードの安全性を評価してくれるんです」

加賀谷さんは、そう言うと少し身を乗り出してキーボードを叩きました。加賀谷さんの身体がぐっと山岡さんに押しつけられ、いい匂いがします。服越しに加賀谷さんの体温を感じた山岡さんは、少し赤くなってうつむきました。

「ほら、ここでこんな風にすると、10段階で評価してくれるんですよ」

加賀谷さんの声で、山岡さんが目を上げると、ちょうどパスワードを打ち込んでいるところでした。打ち込み終えて、「評価」と書かれたボタンをクリックすると、「パスワードの強度は3です」と表示されました。

「適当に作ったのはやっぱり弱いですね。ここで強いパスワードを自分で作って、さっきのサービスに登録すればいいんですよ」

加賀谷さんの言葉に、山岡さんはうなずきました。これならなんとかできそうです。

「じゃあ、後は自分でできますよね。私がパスワードまで作ったらまずいですもんね」

山岡さんは加賀谷さんの言葉にうなずき、さっそくパスワードを作り始めました。

その日、家に帰った加賀谷さんは、山岡さんに教えたパスワード評価サイトにアクセスしました。パスワードの強度を調べるためではありません。山岡さんが強度を確認するために入力したパスワードを知るためです。

パスワード強度をチェックするサイトは、加賀谷さんが作ったニセのサイトでした。加賀谷さんは、これまでも何度かこのサイトを使って、他の人のパスワードを盗みました。

「これで、山岡さんのクレジットカードや銀行口座は私のもの。あら？ ログインするとメールでアラートが出るようになってるのね。ちょっとは考えてるんだ。でも、メールサービスのパスワードもわかってるから、山岡さんが寝ている間に使って、後でメールを削除しておけばいいだけの話ね」

加賀谷さんは楽しそうに笑いながら、山岡さんの利用しているサービスのチェックを続けるのでした。

コラム

すぐそこで起きているサイバー戦争 身近なサイバー軍需産業

難易度 ★★★

サイバー軍需産業とは、サイバー戦に関係する物資やサービスを提供する軍需産業を示す造語です。

サイバー軍需産業とは

軍需産業の範囲は広く、軍の調達する物資を提供する企業群全体を含んでいるため、兵器はもちろんのこと、電子機器、服、燃料、寝具、食料など多岐にわたります。ここにはグレーゾーンが存在します。本来軍事用途として開発されたわけではない製品も軍用に用いられるような場合です。ＣＣＤカメラやＧＰＳ装置などは兵器の重要な部品であると同時に、民政用品の部品でもあります。軍事転用可能なものは、禁輸措置がとられていることが少なくありません。こうした民生用途にも使われる装置を開発、生産する会社の多くは軍需産業に含まれません。

サイバー軍需企業もマルウェアなどのサイバー兵器のみならず、監視システム、防御システム、脆弱性情報の提供など多岐にわたる企業群の総称です。

既存の軍需産業と異なり、我々の日常生活にも、マルウェアや行動監視、あるいは電力や水道などの重要インフラの攻撃と防御といった形で、深く関わりを持っています。ふだん生活していると気がつきませんが、愛用のスマホがサイバー軍需企業が開発したマルウェアに感染していたり、それを通じて行動を監視されていたりすることもありうるのです。

サイバー軍需産業の誕生

２０１０年９月15日、アメリカ国防総省はサイバー戦における戦略の５つの柱（The Five Pillars）を公表しました。それ以前もサイバーによる他国への攻撃は行われていましたが、国家間の紛争を解決する手段のひとつとして明確にされました。

"Lynn Explains U.S. Cybersecurity Strategy"　U.S. Department of Defence
http://www.defense.gov/news/newsarticle.aspx?id=60869

この中でサイバー空間を陸海空宇宙と並ぶ第5の戦場と位置づけ、既存のファイアウォールに代わる攻勢防衛、インフラの安全確保や人工知能の開発などが上げられています。

さらに、2011年にはこれを確認、強化する形で、"International Strategy for Cyberspace"がホワイトハウスから発表されました。サイバー空間の脅威についても、他の脅威と同等に扱うと述べられています。つまり、軍事的脅威と同等に扱うことを明確にしました。

"International Strategy for Cyberspace" The White house
http://www.whitehouse.gov/sites/default/files/rss_viewer/international_strategy_for_cyberspace.pdf

こうした経緯を経て、サイバー空間における国家規模の攻撃と防御に関連する商品やサービスを提供するサイバー軍需産業は誕生し、成長してきたのです。サイバー冷戦の時代と言われる今日、サイバー軍需産業は重要な役割を演じています。

サイバー軍需産業の範囲

サイバー軍需産業には、マルウェアによる諜報活動も含まれ、多岐にわたっています。多数のパソコンやスマホなどを支配下に置くボットネットは、情報を盗み出して諜報活動に用いることもできますし、支配下のパソコンやスマホを踏み台にしてマルウェアの感染を広げDDoS攻撃を仕掛けることもできる立派な兵器として機能します。ガバメントウェア（国家が配布、拡散しているマルウェア）やポリスウェア（警察が配布、拡散しているマルウェア）は国内の治安を維持するためのものですが、実際には仮想敵国に対しての監視と情報の盗み出しにも使われているため、サイバー軍事ツールと考えることができます。

余談ですが、ガバメントウェアやポリスウェアは、さまざまな国で、自国民の監視や仮想敵国の要人監視のために利用されています。国境なき記者団は、毎年インターネットの言論の自由を脅かす『インターネットの敵』を発表しており、そこには国民のインターネット上の活動を監視、規制する国家が挙げられています。

近年、ガバメントウェアやポリスウェアが増加していることが指摘されています。なお、ガバメントウェアやポリスウェアはリーガルマルウェアと呼ばれることもあります。

政府に対してのみ脆弱性情報を売る企業も、『死の商人』と呼ばれているように軍需産業の一翼です。

防御のためのアンチウイルスやファイアウォールから始まり、攻撃用の脆弱性情報やマルウェアなどが含まれる他、攻防両用できるボットネットもあります。

サイバー軍需産業の参入企業

VUPENやGammaグループのような新興のサイバー軍需企業群などの他、既存の軍需産業の企業群もサイバー軍需に参入しています。

2013年2月、ガーディアン紙はアメリカの軍需企業レイセオンのRiot(Riot, or Rapid Information Overlay Technology)をスクープしました。フェイスブック、ツイッター、Foursquareおよび各種ブログなどのソーシャルネットワークのデータを元にその人物の行動パターンや人間関係を割り出し、今後の行動を予測するものであり、ソーシャルネットワークのデータを利用した監視システムと言えます。

軍需企業のトップ、ボーイング社も2012年頃から包括的なサイバーセキュリティソリューションの提供に乗り出しています。シーメンスから分離(表向き)したTrovicorのような企業もあります。

サイバー冷戦の特徴とサイバー軍需産業勃興の理由

あまり語られることはないので、サイバー戦の重要な特徴について書いておきます。国家間のサイバー攻撃と考えた場合、つぎのような特徴があげられます。

攻撃者絶対有利

一般的なサイバー攻撃と同じく、サイバー戦においても攻撃者が有利です。守る側は広範な国内の全てのシステムを監視し、守らなければなりませんが、攻撃者は、その中でもっとも脆弱な箇所に集中して攻撃するだけで済みます。

抑止力が存在しない

従来の戦争に抑止力という概念が存在したのは、攻撃を受けるとほぼ同時に攻撃者を特定することができたためです。サイバー攻撃においてはすぐに攻撃者を特定することは困難です。したがって迎撃を恐れる必要があまりない＝抑止力の低下となります。

明確な開戦がない。現在進行形で戦闘が行われている

攻撃者がわからない上に、「攻撃者絶対有利」ならば先に攻撃すべきなのは明らか

です。必然的にサイバー冷戦に突入しているのが、現在なのです。かつての冷戦は戦火を交えない戦いでしたが、サイバー冷戦ではサイバー空間において匿名での戦いが火ぶたを切るとされています。宣戦布告なしに、匿名の継続的な攻撃でじわじわと情報を盗み国力を削ぎ、来たるべき時のためにボットネットなどの仕掛けを展開しているのです。

こうしたことから明らかなように、サイバー冷戦においてはあらゆる国が全て戦時下におかれます。軍備はするが、実戦に至らない過去の冷戦とは決定的に異なります。常に最新の攻撃ツールと防御ツールを投入し、戦いを有利にしなければなりません。攻撃を受けていないと思っている国があるとすれば、それは攻撃を検知できていないだけなのです。

すでに戦闘中であるとなれば、軍需産業は活況を呈するのも道理で、参入企業は増え、商品やサービスは充実してゆきます。

サイバー戦において多数のスマホやパソコンを支配下に置くボットネットやリーガルマルウェアが重要な武器である以上、すでにサイバー軍需産業の脅威は我々の日常生活に深く浸透していると考えた方がよいでしょう。

*本稿は、『サイバーインシデント・リポート』に掲載していただいたコラムを加筆修正したものです。http://csi.sproutgroup.co.jp/

7章

これってほんとに使って大丈夫なの？　スマホは穴のあいた財布、ネットゲームは犯罪者の狩り場

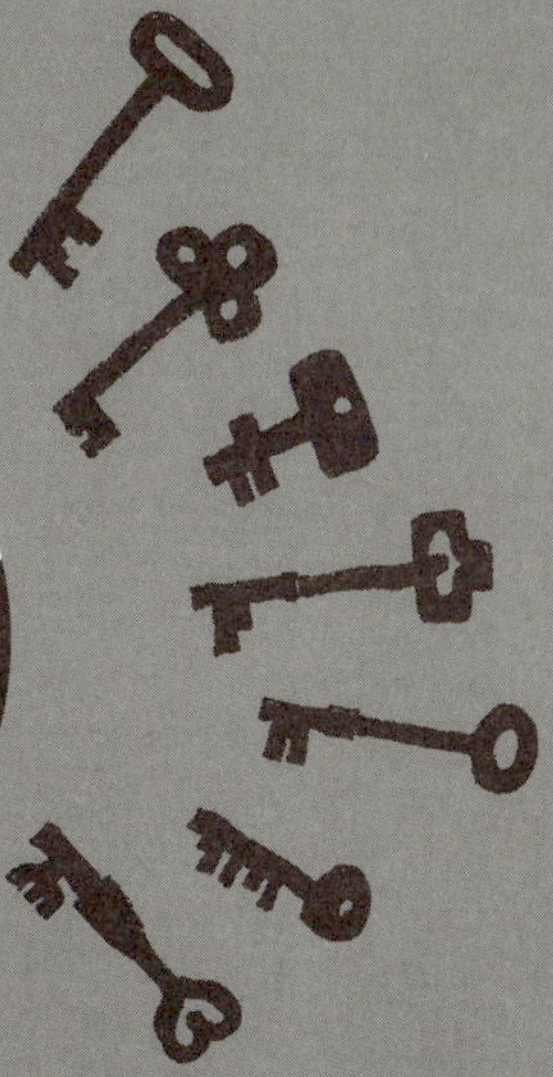

インターネット上のサービスは、日々増えており、脅威もまた増加しています。ここでは、現在存在するサービスについて、おおまかにその安全度、危険度を整理してみました。利用しているサイトが左記にあてはまるかをチェックしてみてください。全てに当てはまるようなら安全度は高いと考えられます。

- □必要な情報をすぐに確認できる。個人情報保護ポリシー、よくあるご質問（FAQ）、緊急連絡先などの情報は必要に応じてすぐに確認できる。
- □サイバーセキュリティ上の問題への対処をその都度アナウンスしている。
- □過去の問題の有無と、起きていた場合には適切な対応がなされたかどうかを確認する。
- □ワンタイムパスワードやログインアラート、多要素認証などの多重の利用者保護を講じているかどうか。

また、サイト以外にも注意すべきことがあります。利用する装置や内容によっても、必要なセキュリティの内容やレベルは異なります。例えばスマホは危険度の高い装置です。ネットバンキングやネット通販などお金にまつわる情報をやりとりするものは安全度が高くなければなりません。

ソーシャルネットワークは、もともと危険なのでどこまで許容できるかを自分で決める必要があります。

ネットゲームは、できるだけお金にまつわる情報は登録しないでおきましょう。

サービスの危険と安全

安全の目安となるポイントを左記にまとめてみました。まず、どんなサービスにも共通する注意事項を上げてみましょう。

必要な情報をすぐに確認できる。個人情報保護ポリシー、よくあるご質問（ＦＡＱ）、緊急連絡先などの情報を必要に応じて、すぐに確認できる

基本中の基本ですが、意外と緊急連絡先がわからないサイトはたくさんあります。問い合わせフォームでしか対応しないようなサイトに、いざという時の緊急対応が必要とされるクレジットカード情報などを登録するのは怖いですね。

サイバーセキュリティ上の問題への対処をその都度アナウンスしている

インターネット上のサービスは、サイバーセキュリティ上の問題と無縁ではいられません。脆弱性が見つかった時に、迅速に対応し、対処したことを利用者に告知してくれるサービスには安心感があります。それに加えて、そのサービスには影響がなくても、世間で騒がれるような問題の場合は、影響を受けない旨を告知してくれるとさらに安心です。

こうしたセキュリティ問題への対処をきちんと利用者にも告知してくれるサービスは信用できます。

過去の問題の有無と、起きていた場合の対応を確認する

過去に問題が起きたかどうか、その時にどんな対応をしたかを検索してみることも参考になります。

なんの問題も起きていないことが一番ですが、隠蔽していたのが後で発覚するようなのは最悪です。事件が起きていても、ちゃんと情報を開示し、被害者に対してきちんと連絡と謝罪を行い、改善策を具体的に提示しているサービスは安心感があります。

例えば、2014年にベネッセコーポレーションが2000万人の個人情報を漏洩した事件では、同社の主張は一貫しておらず、謝罪もひとりあたり500円の賠償金という低額に終わりました。一貫性がなく、利用者の立場にたっていない謝罪をする企業のサービスは信用するに値しないと判断してもよいでしょう（サービスの内容ではなく、あくまで安全面という観点です）。

ワンタイムパスワードやログインアラート、多要素認証などの多重の利用者保護を講じているかどうか

もはや単純なＩＤとパスワードでは守り切れない時代です。二重三重の守りを講じているサービスの方が安心できるのは言うまでもありません。もしなにかあったとしても、アラートなどでいち早く気づくことができます。

続いて個別のサービスごとにその危険度をみてゆきましょう。同じ種類のサービスといっても事業者ごとにセキュリティへの取り組みは違うので一概に言うことは難しいのですが、ここではおおまかな傾向ということで語弊をおそれず整理してみました。

個別注意事項

利用しても危険の少ないサービス

個人情報、特にクレジットカードなどの情報を登録しないで利用できるサービスなら、なにか問題が起きても危険性はあまり高くないと考えてよいでしょう。ただし、そうとも言い切れない場合があるので注意が必要です。

? 検索サービス

グーグルなどの大手の検索サービスそのものは、多くの場合安全ですし、問題が起きた場合は、すぐにニュースになり、アナウンスも出ます。

ただし、検索結果をクリックした後のことに関してはなんの保証もありません。最近では、リンク先が危ない場合は警告を発したりすることもあるようですが、完全ではありません。

また、著作権を侵害しているようなサイトと知らずに利用してしまう可能性もあります。広告枠を利用してマルウェアを送り込む、マルバタイジングという攻撃も増加しているので、広告はクリックしない方がよいでしょう。

検索結果をクリックして移動する場合は、必ずしも安全ではないことを心に留め、移動した先で、なにかのインストールを勧められたりした場合は、サイトを閉じた方がよいでしょう。

？ネットゲーム

無課金でクレジットカードなどの個人情報を登録しないで利用できるネットゲームには、それほど大きな危険はないように思えますが、ゲームを行うパソコンやタブレットそのものが乗っ取られてしまうと、そこに保管してある全ての情報を盗まれたり、遠隔操作されたりする危険があります。

特に専用のソフトをインストールするような場合は、乗っ取られる危険を伴います。これに対してブラウザだけで遊べるゲームの場合は、危険はある程度限定されます。

２０１４年5月には、多くのネットゲームのサーバが攻撃を受け、オンラインゲームの更新ファイルがマルウェアにすり替えられるという事件が起きました。

ネットゲームのサーバは、犯罪のターゲットになることが少なくないため、常に危険があると思ってよいでしょう。また、はまると離れにくくなるという依存度の高いサービスでもあるのも要注意です。

動画サイト

ＹｏｕＴｕｂｅやニコニコ動画あるいはツイキャスなどの動画、生放送配信サービスは、利用に際してさまざまなスクリプトやプラグインあるいは専用アプリを使うため、マルウェアに感染してスマホやパソコンそのものが乗っ取られてしまう危険度がやや高くなります。

動画の再生に専用のソフトをダウンロードして利用している方もいます。それも場合によっては危険です。例えば、２０１４年1月にGOM Playerという動画再生ソフトでは、更新用ファイルにマルウェアを追加された事件が起きています。

個別注意事項

利用に際して充分な注意もしくは覚悟が必要なサービス

■サービスの危険性と依存性

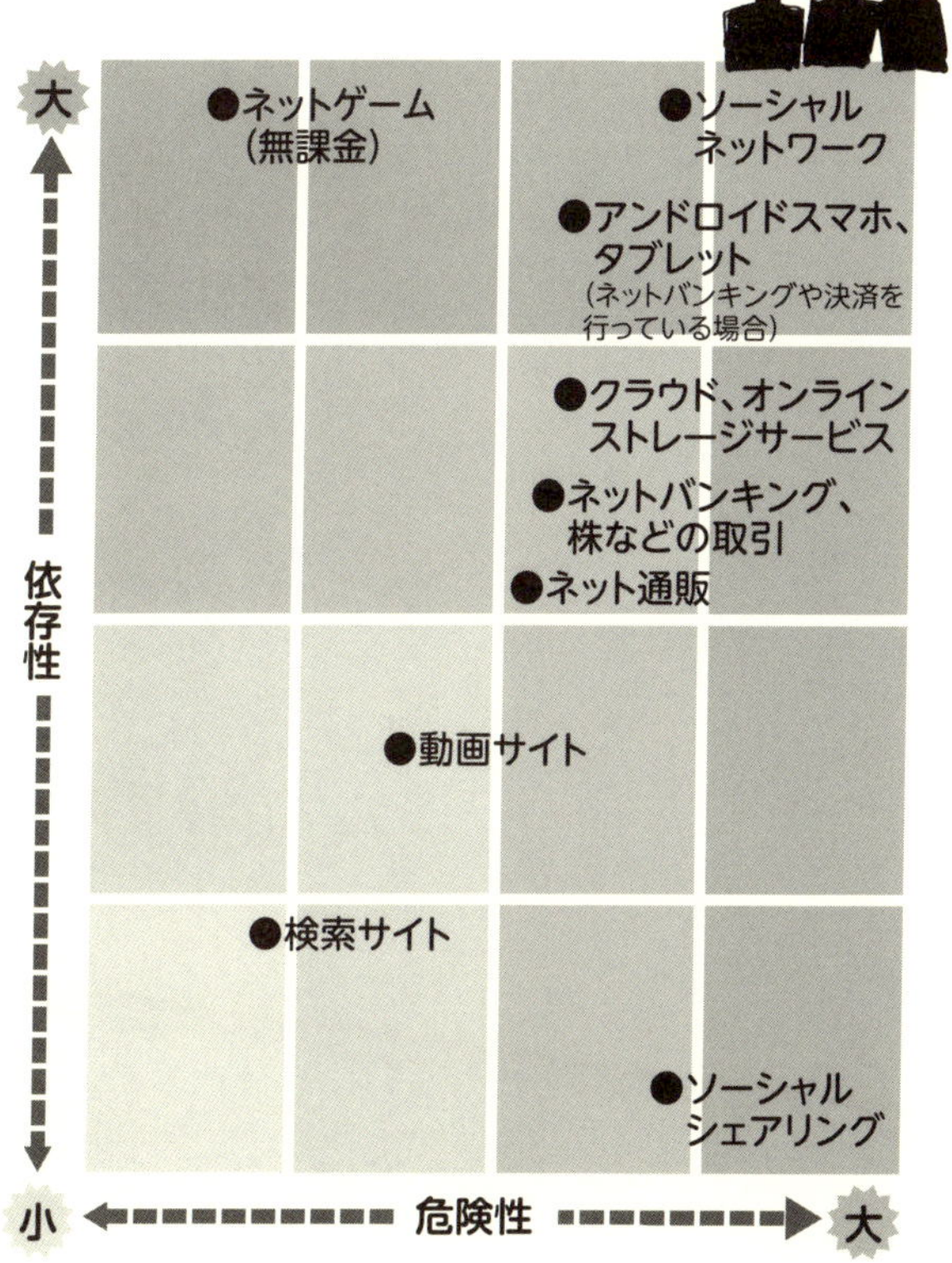

スマートフォン、タブレット

すでに書きましたが、スマホは現在もっとも脆弱な装置のひとつであり、多くの攻撃にさらされていると考えた方がよいでしょう。しかも、ほとんどの人はメール、ツイッター、フェイスブック、ＬＩＮＥなどをインストールして高頻度で利用しています。メールは、マルウェアなどさまざまな攻撃の入り口ですし、ソーシャルネットワークも悪用されることの多いものです。

スマホでネットバンキングやクレジットカード決済、株などの取引を行うのは、自分で安全を確保できる人以外には大変危険な行為といえます。

ほとんどのタブレットは、スマホと同じ基本システムを採用しているため、その危険度は変わりません。

中でも特に危険なのはアンドロイドを搭載したスマホやタブレットです。ｉＯＳを搭載したｉＰｈｏｎｅやｉＰａｄはアンドロイドよりはずいぶんましです。

現代人の多くは、ノモフォビア（携帯電話依存症）の傾向があり、危険とわかっていても手放すことができない人は多いでしょう。有効な防御策が限られているので、使えば使うほど危険度は高まります。

？ソーシャルネットワーク

くわしくは、別の章に書きましたが、ソーシャルネットワークは本質的に個人情報を拡散するサービスであり、サービス主宰者は個人情報を利用してビジネスをします。また、ネットいじめやなりすましなどの被害も発生する危険があります（なりすましに関しては利用していなくても危険があります）。

そのため、サービス利用に際しては、こうしたリスクを甘受する覚悟を決めたうえで登録する必要があります。

特に本名での利用を原則としているフェイスブックなどのサービスは、登録した時点でリアルの生活と紐付けられるため大変危険です。依存性も高く、もっとも注意すべきサービスと言えるでしょう。

？ネットバンキング、株などの取引

パソコンでのネットバンキングや株などの取引は、ワンタイムパスワードやログインアラート、多要素認証などの措置が講じられていることが多く、それをきちんと利用していれば危険を回避することができると思います。

逆に、ワンタイムパスワードやログインアラート、多要素認証などに対応していないサービスは不安です。株やFXなどの取引は、はまる人は少なくなく、スマホで取引しはじめるとより深くはまってゆくことになって危険です。

ソーシャルシェアリング

ソーシャルシェアリングは、現在の法制度などに照らすとグレーゾーンであることが少なくありません。個人情報を登録しないと利用できないことも多いサービスです。ただし、全てグレーゾーンというわけでもなく、合法なものもあります。その見極めをした上で使わなければなりません。

ある程度、自分で自分の身を守れる知識をお持ちの方なら使ってもよいと思いますが、一定のリスクは伴うと思います。

ネット通販

大手のネット通販サイトは、一定のセキュリティを施しており、問題が起きた際のアナウンスも適切です。それでも個人情報の漏洩が起きることや、起きたのではないかと疑われることがあります。

クレジットカードなどの決済情報を含めた個人情報を登録することになるので、ワンタイムパスワードやログインアラート、多要素認証などのセキュリティ対策がとられていることを目安に利用するサイトを選択した方がよいでしょう。

? クラウド、ストレージサービス

iCloud、Dropbox、Evernoteなどのサービスは、他の章で書いたように時限爆弾です。個人情報と登録したデータがまるまる漏洩もしくは消滅するリスクがあります。その覚悟を持って利用することが前提となります。

非常に利便性の高いサービスであるため、使い始めると、それなしでは過ごせなくなる人も少なくありません。要注意です。

インターネットは変動のまっただ中 しばらくはリスクが増大することを覚悟

インターネット上のほとんどのサービスは危険をはらんでおり、絶対安心安全なものはないと言っても過言ではないでしょう。インターネットは急速に発展、普及したものの、それを監督、管理する主体が確立されておらず、法整備も不充分であることが根本的な原因です。これらの問題は、民間企業や個人の努力でどうにかなる問題ではありません。ある程度、危険をしのぐことはできますが、それは根本的な解決にはなりません。一朝一夕で解決される問題とは思えませんので、10年以上の時間をかけて改善されてゆくくらいに覚悟しておいた方がよいでしょう。

これから数年間はより安全ではない方向に進むと思います。モノのインターネット、ソーシャルネットワーク、ソーシャルシェアリングなどは、リスクのあるサービスですが、有効な対策がないまま拡大、普及しようとしています。生体情報の利用増加も同様です。

その一方で国家間のサイバー戦は日常的に繰り返され、水道、電気、交通機関などの重要インフラの機能は時として正常に動作しなくなるでしょう。また民間企業の技術情報などもターゲットとなり、業務遂行上支障を来すことも増えると思います。そして多くの場合、すぐには理由がわからないのです。原因不明で、停電が起き、企業のシステムから情報が漏洩し、数か月あるいは数年して初めてなにが起きていたのかがわかる。そんな時代にすでに突入しています。そして、それはまだしばらく続くのです。

しばらくは自衛の時代が続く

根本的な解決に時間がかかる以上、自衛するしかありません。本書で紹介したような防御策を講じ、自分でどれくらいの危険を許容できるかを考えながら利用してゆくことになります。

前著『サイバーセキュリティ読本』を上梓した際、何人かの読者の方から、対策として使わないこと、というのが多すぎないかという指摘がありました。使わないというのは安易な選択ですが、防御力の高い方法でもあります。確実な防御方法がない以上、どのようなリスクがあり顕在化した時になにをすべきかを知った上で利用するか、利用することをあきらめるかのふたつしか道はありません。

ほとんどの人にとって、全ての利用を止めるというのは現実的な選択肢ではないと思います。自分にとって必要不可欠なもの、あった方がいいもの、なくてもよいものをうまく切り分けて、必要度が低く、リスクの大きなものは利用しないことが肝心です。

そして、第3章に書いたような情報収集は不可欠です。なにしろ、神様ではない我々は、「知らないことは発想できない」のですから、あらかじめ知識を持っている方がより安全に過ごせるのは間違いありません。

リスクとのバランスを

基本的に危ないサービスは使わないことが一番です。しかし、どうしても使わざるを得ないこともあります。全ては必要性と許容できるリスクのバランスです。

想定されるリスクを許容できるかどうかを充分に考えましょう。

- これからしばらく変化が続き、利用者のリスクは拡大する
- 必要性とリスクを勘案して、不要なものはできるだけ使わないようにする
- 情報を収集し、敏感に対応する

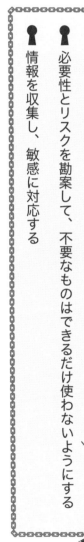

セキュリティ・シミュレーション 1

倉持由梨香《くらもちゆりか》さんは、スマホを持っていてもツイッターやメールをチェックするくらいで、あまり活用していませんでした。でも、大学を卒業し、働き始めると職場の人がみんなＬＩＮＥを使っているので、連絡をとりやすいように自分もＬＩＮＥを入れました。

打合せで出かける時のために、グーグルマップを入れ、社会人になった友達と学生時代にはいけなかった美味しいお店を探すためにＷＥＢもよく見るようになりました。そのうち、旅行用のアプリを入れ、仕事が忙しい時にスマホでネットショッピングするようになってクレジット決済も始めました。すると、今度は銀行の残高が心配になって、ネットバンキングも始めました。モバイルＳｕｉｃａもインストールして、おサイフケータイとしても使えるようにすると、さらに便利で手放せなくなりました。

最初は、使い方がわからないこともあって不安だったのですが、使い始めてみるととても簡単で便利でした。

――すごく便利。スマホがあればなんでもできちゃう。これだけあれば、お財布もカードもいらないくらい。

由梨香さんは、あっという間にスマホのヘビーユーザーになっていました。

「倉持さんのスマホ、アンドロイドなのね」

ある日、由梨香さんがお昼休みに自分の席でスマホをいじっていると、先輩の岩井さんから声をかけられました。そういう岩井さんの手には新型のｉＰｈｏｎｅが握られています。

「あっ、それ新しいのですね。うらやましい。でも、高いんですよね」

由梨香さんは思わず、そう言ってため息をつきました。

「ふふふ、そうなの。でも、やっぱりｉＰｈｏｎｅは一度使うとやめられなくなっちゃうから、思い切って買ったの。安全にはかえられないしね」

「安全？」

「知らない？　アンドロイドよりもｉＰｈｏｎｅの方が安全なのよ」

「そうなんですか？　知りませんでした。なんでですか？」

「私もよく知らないんだけど、アンドロイドは悪い噂を聞くのよね。違法ソフトが出回ってるとかね。ネットバンキングとか、お金にかかわるようなことをやっていなければ大丈夫だと思うんだけど」

「ほんとですか？　私、ネットバンキングもネットショッピングもやってるんですけど」

「気をつけた方がいいよ」

由梨香さんは少し心配になって、ネットでアンドロイドの評判を調べてみました。危険と言う人もいれば、グーグルや有名なメーカーが作っているんだから大丈夫だしなにかあってもすぐに対応してくれるという人もいます。読めば読むほど、混乱してきます。

由梨香さんが困った顔でスマホでいろんなサイトを見ていると、そこに派遣社員の加賀谷さんが通りかかりました。加賀谷さんはデータ入力のオペレータとして臨時に来てもらっている人です。由梨香さんとは仕事の接点はないのですが、席が近いので何度か言葉を交わしたことがありました。

「どうしたんですか?　熱心にスマホを見つめてますね」

「加賀谷さん、パソコンの知識もあるし、こういうのもくわしそう」

「それほどでもないですけど……なにかトラブルがあったんですか?」

「アンドロイドのスマホは危ないって言われちゃってさ」

由梨香さんが説明すると、加賀谷さんは大きくうなずきました。

「確かにアンドロイドは危ないと言われてますね。でも、アンチウイルスソフトを入れればいいんですよ」

「へえ、スマホ用のアンチウイルスソフトなんかあるんだ」

「ええ、そういうのをちゃんと入れておけば安心ですよ。無料で使えるものなら〝アンチウイルスソフト　アンドロイド用は＊＊〟だったかな?　検索するとすぐに見つかりますよ」

由梨香さんは、さっそく検索してみます。

「これかな?」

「あ、えーと、なんか違うような……でも、デザインを変えたのかもしれません」

その時、誰かが加賀谷さんを呼びました。

「はーい。すぐに行きます」

加賀谷さんは声の方向に向かって答えると、由梨香さんに振り返って肩をすくめました。

「すみません。呼ばれちゃったんで行きますね。アンチウイルスソフトは、ちゃんとインストールしましょう」

由梨香さんは、加賀谷さんが去った後で、そのソフトをインストールしました。


やがて1週間経つと、加賀谷さんは派遣期間を終えて、いなくなりました。由梨香さんは、アンチウイルスソフトを入れたのだから大丈夫だろうと安心して、以前と同じようにスマホを使い続けました。


2か月後のある日の夜、加賀谷さんは自分の部屋でビールを飲みながら、倉持さんの声を聞いていました。同僚の男性に誘われての初デートです。初々しいやりとりが、倉持さんのスマホのマイクを通して加賀谷さんのパソコンに流れてきます。

「倉持さん必死すぎ。笑える」

加賀谷さんは、くすくす笑いながらビールをあおります。

「この女、ほんとにいいカモだ。なんでもかんでもスマホで決済してるから、あたしが使っても気がつかない。それにこれもお楽しみ」

加賀谷さんのパソコンには、いろんな角度で撮られた由梨香さんの姿がありました。時々、スマホのカメラを遠隔操作して撮影したのです。中には、お風呂上がりのきわどい写真もあります。

「あー、こいつの知り合いにメール送って、どんどん感染させちゃおうかなあ。でも、それは危ないな。くわしいヤツがいるかもしれない。デートに誘ってきた間抜けな男がパソコンもネットもくわしくないようだったら、そいつのスマホに感染しよう。そっちの方が給料よさそうだもん」

スマホ用のアンチウイルスソフトがあるのは事実で、それなりに役に立ちます。しかし、加賀谷さんは、わざと少し違った名前を教えました。後で言い訳できるように、本物のアンチウイルスソフトに似た名前。それで検索すると、加賀谷さんが作ったニセのサイトが見つかります。アンチウイルスソフトのふりをしたマルウェアです。感染すると、スマホを遠隔操作できるようにしてしまいます。

「どうして世の中、こんなにちょろい連中ばかりなんだろう」

加賀谷さんは、ご機嫌で次のビールの缶を開けました。

コラム

ウソつきが生き延びる、漏洩前提時代のサイバーセキュリティ

難易度 ★★★

最近リリースされる新しいインターネットサービスなどを見ていると、安全性よりも利便性や経済性を重要視しているような気がしてなりません。

クラウド、ソーシャルネットワーク、学校機関のインターネット利用などが個人情報漏洩の温床になる可能性

もちろん、それぞれの業者は必要な措置を講じようとするでしょうが、一定の確率で漏洩の危険が存在する以上、利用が増加すれば漏洩が広がるのは明らかです。

産業としてのハッキング、マルウェア産業革命の進展

巨額の金が動くようになり、サイバー犯罪は組織化され、大規模に、巧妙になってきました。既存の組織犯罪集団も参入してきます。従来と同じような組織で対抗するのは難しいことは明らかなのですが、国を超えて暗躍する匿名組織に有効な対策を講じるには法的準備、国家を超えた連携など課題が山積で、一朝一夕には進まないでしょう。対

策は常に後塵を拝することになります。

リスト型アカウントハッキング攻撃の台頭や2012年のWordPress一斉攻撃に見る利用者側対策の限界

利用者がきちんと管理、対策していれば防げる攻撃はたくさんあります。それには異論の余地がありません。だが、全ての利用者が知識を持ち、必要な対策を適宜実施することを期待するのには無理があります。

モノのインターネットの時代を推進するということは、サイバーセキュリティに無知な利用者を急増させることを意味します。利用者に特別な知識もなく、対策もとらない前提でサイバーセキュリティを考えなければなりません。その時、利用者を守るのはベンダであり、国ということになります。

別項でも書いたように、ひとたび利用者を離れると誰が安全性を担保するかという点がインターネットではあいまいです。言葉を換えると、誰も責任をとってくれない状況がどんどん広がることになります。

全体傾向として安全性よりも利便性を優先して物事が進んでいる

モノのインターネットの促進もしかり、アンドロイドの普及もしかり、生体認証の採用もしかり、いずれも安全性に疑問があるにもかかわらず、普及が進みます。

それぞれのベンダは充分な努力をしているのかもしれませんが、サービスのリリースに決して慎重とは言えません。

非接触型の決済方法（クレジットカードやApplePayなど）には、犯罪者が携帯型の決済端末を近づけるだけで金を奪い取ることができる危険な電子スリ（現時点では、困難と言われていますが時間の問題で可能になるでしょう）があるにもかかわらず、普及の一途をたどっています。


安全性を重視すれば、新サービスや新製品のリリースは遅れるし、機能にも制限がかかり、利便性は著しく落ちます。そしておそらく産業の発展や経済への刺激もなくなってしまいます。ついでにいうと、脆弱性発見、利用の頻度が下がればサイバーセキュリティ関連産業も落ち込むでしょう（アンダーグラウンドビジネスも落ち込むと思うので諸刃の剣ですが）。

逆に、安全性よりも利便性を重んじて、新サービス新製品をリリースすれば産業は発展し、経済によい刺激となります。脆弱性の発見や利用も進み、表と裏のサイバーセキュリティ産業も発展します。

そう考えると、利便性重視、経済発展優先で物事は進んでおり、個人情報は漏れて当たり前の時代に突入しているのだと納得できます。

あらゆるサービスも製品も信用できない以上、有効な対策のひとつは複数の個人情報を使い分けることです。名前から誕生日、銀行口座からクレジットカードまで全て戸籍とは異なる人物になりすます。そうすれば、この人物がハッキングされても被害は限定的です。

もちろんもっと上品な対策もあると思いますが、自分の子供が自分をハッキングしてきた場合を考えると、防御策はきわめて限られます。なにしろ本名、住所、誕生日、家族の名前など基本的なことは全てばれているのです。子供でなくてもソーシャルネットワーク上でソーシャルエンジニアリングで情報を知られてしまうことだってあります。

極論かもしれませんが、ひとつの解決方法として今後増加するかもしれません。

エピローグ

破壊の時代を生き延びるために

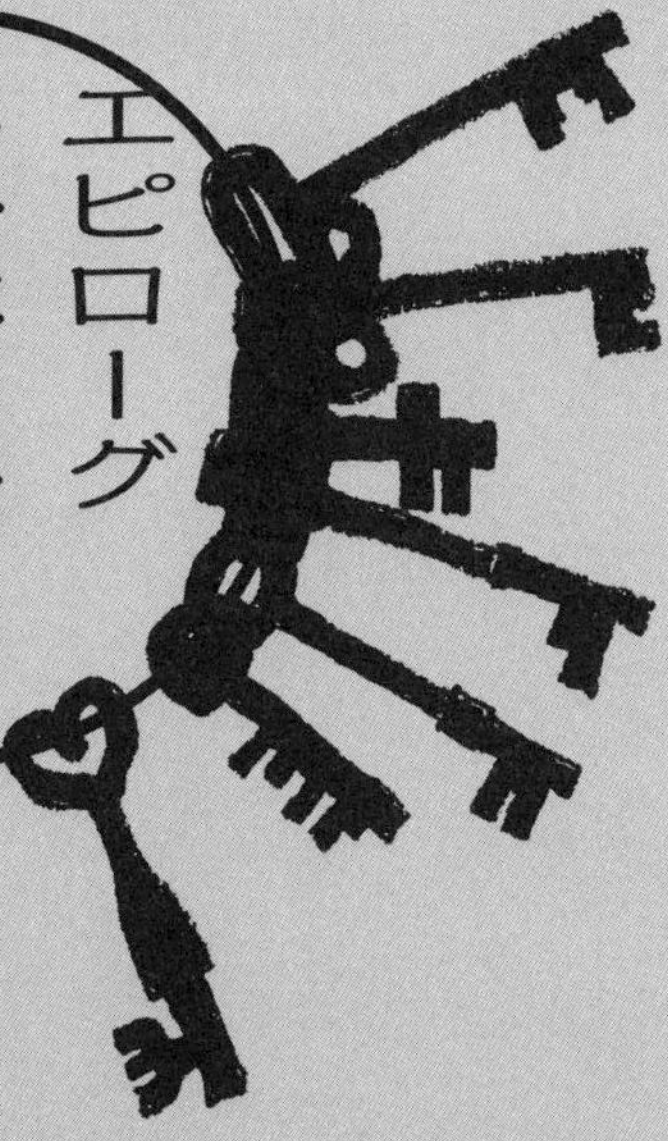

全体のおさらいとして、今がどういう時代なのかを整理し、これからの時代を展望してみたいと思います。とはいっても先のことなど、確かなことは誰にもわかりません。ここに書いてあることは、私の個人的な意見と思ってください。読み飛ばしていただいても結構ですが、参考になれば幸いです。

今という時代

何度か触れましたが、今は新しい秩序が生まれるまでの過渡期と考えています。インターネットは新しい産業、生活スタイル、そして犯罪や戦争をもたらしました。我々は、それらを貪欲に取り入れ、さらに発展を加速させてきました。その一方で、政治や法制度などそれらを管理するための仕組みは追いついていません。遅れる一方と言っても過言ではないでしょう。

リアルな社会と、社会を管理するための基本ルールの乖離は広がり、それがサイバー犯罪の勃興、サイバー戦争の日常化、多国籍ＩＴ企業の成長へと結びつきました。

インターネットは我々の生活を便利にしてくれましたが、それはサイバー犯罪の被害者になるリスクや、多国籍ＩＴ企業の商品として自分の個人情報を売りさばかれるリスクと引き替えなのです。守ってくれる法律も組織もほとんどなく、本来守ってくれるはずの政府機関はむしろインターネットを通じて国民行動を監視しはじめています。

当然、こうした動きに対して市民側からの対抗する動きもあります。通信を暗号化し匿名通信によって、政府や多国籍ＩＴ企業の監視を逃れたり、インターネット上の示威行動によって抗議を行ったり、行き過ぎた政府の活動を内部告発したり、さまざまな活動が行われています。

国家、多国籍ＩＴ企業、市民の三つ巴のにらみ合いがしばらく続くと考えられます。そしてもうひとつ無視できないのは、サイバー犯罪者、その中でも特に社会の仕組みを根底からゆるがしかねない多数のＩＴプロレタリアート（労働者）から犯罪者になった人々です。

行き過ぎた金融資本主義が貧富の差を拡大した結果、たくさんの貧しい人々が世の中にあふれることになりました。その中には一定以上の専門知識を持ったＩＴプロレタリアートの人々も含まれています。彼らはマルウェア開発キットを容易に使いこなし、ボットネットを始めとするさまざまなサイバー犯罪や反政府活動を行う能力を持っています。そして彼らを取り締まり、逮捕するための仕組みはまだできていないのです。市民である私たちの中のもっとも過激な部分です。本書にたびたび登場した加賀谷籐子さんもＩＴプロレタリアートのひとりです。

国家、多国籍ＩＴ企業、市民のパワーバランスは、まだ確立されていません。インターネットの見えない世界で、しのぎを削る戦いが繰り広げられています。一般市民である私たち（おそらく多くの読者はそうでしょう）にとっても無縁ではありません。これまで見てきたさまざまな危険は、国家や多国籍ＩＴ企業やサイバー犯罪者を通して私たちの日常にもたらされています。

現代は秩序がどんどん失われてゆく『破壊の時代』と言えます。この破壊の時代を生き延び、次の時代への希望をはぐくむことがこれからの私たちにとっての最大の課題と言えます。

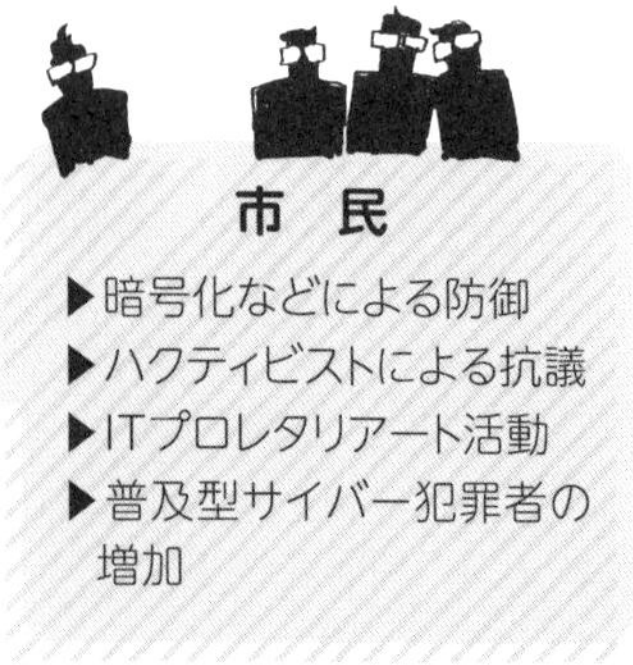

政府
▶合法的マルウェアなどによる監視活動
▶サイバー諜報活動
▶見えない戦争=サイバー戦の常態化
✹世界中がサイバー戦時下
✹常に盗聴とサイバー攻撃にされられる日常
✹普及型サイバー犯罪の一般化
✹ソーシャルネットワークが第一次集団化
✹ノモフォビア(携帯電話依存症)の増加 意識して維持しなければ崩壊する家族
多国籍IT企業
▶利用者の情報をより多く入手し、高付加価値な商品として売却

変貌する家族、人間関係。家族でも努力しなければ絆はうまれない

誰もがスマホやパソコンを使い、ソーシャルネットワークを介して人とつながるようになりました。そこで知り合ってつきあうようになり、結婚する人もいます。リアルの学校の友達はいなくても、ネットの友達はたくさんいる。リアルではうまく話せなくても、ネットを介してならたくさん話せるという人もいます。

人はよりソーシャルネットワークを介した人間関係への依存を強めています。24時間、起きている間は、スマホを手放せない人も少なくないでしょう。ノモフォビアが当たり前になりつつあります。

ソーシャルネットワークは人と人とのつながりを促進する一方で、争いも拡大しました。ネットいじめはもちろん、時にはソーシャルネットワークでのケンカが殺人まで発展したケースもあります。

リアルの家族や友人よりも、ソーシャルネットワークでの人間関係を重視するようになっている以上、そこでＩＤを乗っ取られたり、いじめられたりするのは自分自身の生死に関わる大きな事件です。

みなさんは、まだリアルの家族というものが、自動的に子供にとっても重要なものにな

ると考えているのではないでしょうか？　インターネットによって結びついた人間関係の比重が高まるにつれて、リアルの家族の重要性は薄れてきます。家族だから自動的に絆があるという時代は終わっています。意識してつながりを作り、維持してゆかなければいとも簡単に、子供たちの心はインターネットの人間関係への依存を高めていってしまいます。

破壊の時代を生き抜き、希望をはぐくむために

一般市民である私たちが、破壊の時代を生き抜くためには情報と知識が不可欠です。繰り返しになりますが、今は戦時下なのです。サイバー空間では国家と多国籍ＩＴ企業と過激な市民、サイバー犯罪者たちが見えない戦いを繰り広げています。それを取り締まるためのルールも組織もまだできていません。リアルな戦争状態と違って、見ることも触れることもできないので実感できませんが、無法地帯のインターネットの戦争の中でちょっとした拍子に個人の資産や情報などいとも簡単に消滅してしまいます。時には、誰かがあなたになりすまして、サイバー空間であなたという存在が消えてしまうこともあります。

戦場を武器も持たず、防具もつけずに歩き回ることが愚かで危険ということは誰にでもわかります。サイバー空間が戦場と化している以上、知識もツールもなしに利用すること

は、それと同じです。

これまでインターネットのことなど、ほとんど知らずに生きてきた方は少なくないと思います。でも、そうした方も、なんらかの形でインターネットを利用しているはずです。なにしろスマホ、テレビ、ゲーム機、ハードディスクレコーダーなどさまざまなものがインターネットに接続されているのです。インターネットと無縁に暮らすことは難しいでしょう。

家族も同様です。家族としての絆は、それぞれが意識していなければ消失してしまいます。変動の時代で、家族とはなにかもまた変貌しているのです。どのような家族像を理想として、絆を作ってゆくのか、あなた自身の家族観と努力と根気が試されます。

みなさんが自分が生きている時代と環境を把握して生き延びるために、本書がいくばくかでも役に立てば幸いです。

なお、自らも破壊者となって破壊に参加することも選択肢のひとつですが、それは希望をはぐくむことにはならないでしょう。

加賀谷藤子という生き方

ITプロレタリアート 加賀谷藤子さん

専門学校でコンピュータを学び、派遣社員となりました。高度なスキルを学んでおらず、働きながら学ぶ機会もない以上、いずれ使い捨てられることに気づいた彼女は、働けるうちになんでもやってお金を稼いでおくことを決意。派遣先でのチャンスを最大限に生かして、さまざまな方法でお金を稼いでいます。

加賀谷藤子は架空の人物ですが、決して絵空事ではありません。あなたの会社や隣人あるいは電話したサポートセンターや登録したパソコン教室にいるかもしれません。

あるパソコンショップのサポートサービスで働いている人物が、笑いながら私に話してくれました。「おじいちゃん、おばあちゃんって怖いですよ。こちらを完全に信用してくれて、パスワードからクレジットカード番号からなにからなにまで全部教えてくれるんですよ。それだけじゃなくて、もっとお金を出してもいいから自宅に教えに来てほしいなんて言うんですよ。今抱えているお客さんを全部個人契約にして、途中で全員の口座からお金をとって逃げたらどうなるかなあ、なんて考えちゃいますよね。だってうちの会社にずっと勤めるより、そっちの方が確実にお金になりますもん」

加賀谷藤子さんのサイバー犯罪の数々

ふたりで撮った写真を入れたＵＳＢにマルウェア

派遣先で知り合った男性のパソコンとスマホにマルウェアを仕込み、ネットバンキング口座からお金を奪う。ふたりの写った画像データを入れたＵＳＢにマルウェアを仕込んでいました。▶３９ページ

高齢者を騙し、さらにその息子に遠隔操作でメールを送って攻撃

高齢者向けパソコン教室の講師を務めた際に知り合った老婦人のパソコンをマルウェアに感染させ、遠隔操作して息子さんへメールを送り、息子さんのネットバンキング口座からお金を奪いました。▶１１４ページ

サイバー冤罪をネタにした詐欺グループ

サイバー冤罪をネタに恐喝するチームを構築し、たくさんの学校の生徒父兄から現金を詐取しました。▶１３４ページ

ニセのパスワードチェックサイト

派遣先の男性社員に、ニセのパスワードチェックサービスを教えて、まんまとパスワードを詐取しました。▶１９２ページ

ニセのアンチウイルスソフトサイト

派遣先で知り合った女性に、ニセのスマホ用アンチウイルスソフトを配布するサイトを教え、マルウェアに感染させてスマホをひそかに遠隔操作できるようにしました。▶２２１ページ

加賀谷さんは、まだ20代後半でしたが、すでに数億円の資産を持っていました。安全のため偽名でいろいろな口座に分散させて預けています。

何度目かの派遣業務の期間が終わった時、加賀谷さんはもう働くのはやめようと思いました。表の仕事も裏の仕事もこれ以上する必要がないくらいにお金はあるのです。

時間ができたらやろうと思っていたことはたくさんあるはずなのに、全くやる気が起きませんでした。南国のビーチでのんびり過ごす、高級ホテルに泊まって美味しいレストランでご飯を食べる、オーロラを観る、いろいろ考えていました。でも、実際それをやろうとした時、楽しいとは思えなくなるのです。面倒くさい、もったいないという思いが先に立ちます。

それでいて、なにもしないでいると退屈で仕方がありません。友達を誘って出かけようと思っても、そんな友達はいません。

加賀谷さんのことを親友あるいは恋人と思い込んでいる男性を呼び出して遊んでみましたが、思ったほど楽しくありません。気が紛れる程度です。

両親や兄弟のことが頭をよぎることもありましたが、すぐに消えました。これといった思い出がなく、貧乏でうるさかったという嫌なことしか浮かんで来ないのです。できることなら、もう死ぬまで会いたくないとすら思いました。

1か月も経つと加賀谷さんは、なにもしない生活が嫌になっていました。退屈だし、ひどく時間がもったいないような気がしてしまうのです。

だからといって、したいことも浮かんできません。仕方がないので自分の人生で楽しかったこと、やりがいのあったことを思い起こしてみました。

――人を騙して陥れることほど楽しいことはなかった。計画を考えている時は、すごくわくわくするし、成功すると、ざまあみろって気分になる。

すでに充分なお金を手にした加賀谷さんにとって、これ以上悪事を重ねることは楽しみ以外の意味はありません。それどころか、罪を重ねれば捕まる可能性も高くなります。百害あって一利なしと言えます。

それでも、加賀谷さんはもう一度、人を騙したくてしょうがなくなっていました。

加賀谷さんは、気がつきました。自分にとってサイバー犯罪はお金を得るための手段ではない、それ自体が目的なんだと。ただ楽しむためだけに、犠牲者を蹂躙する。なんの意味もないことだと思いましたが、だからこそ楽しいのだと納得しました。

ある種の犯罪に手を染めると、その魅力に取り憑かれて抜けられなくなることがあります。サイバー犯罪にも、その傾向があります。加賀谷さんのようにソーシャルエンジニアリングを駆使する犯罪者だけでなく、技術を駆使してシステムをハッキングするハッカーも同じです。魅力に取り憑かれてしまうのです。他に社会との接点がない、楽しいことがない、成功体験がないということも理由でしょう。

破壊の時代にあって、破壊者として生きるのもひとつの選択肢ですが、それはとりもなおさず、死ぬまでその世界でしか生き甲斐を見いだせなくなる危険性をはらんでいるのです。

中学生、高校生の頃にその魅力に触れて虜になった人は、なかなか抜けることができないかもしれません。そのようなことにならないためには、充分な知識を持って家庭を守ってゆく保護者が不可欠です。もちろん、努力と根気が必要になります。

前述したように、血がつながって一緒に暮らしているだけで家族関係を維持できる時代は終わっています。家族でありたいと願うならば、相応の犠牲を覚悟しなければなりません。

謝辞

改稿にあたり、ご指導いただいた原書房の石毛力哉様には、ひとかたならぬご尽力を賜りました。この場を借りて御礼申し上げます。

私の文章のいたらないところを、わかりやすいイラストでうまく補完してくださった岡田真理子様にも御礼申し上げます。

本書の査読には、左記のみなさまのご協力をいただきました。深く感謝申し上げます。

株式会社カスペルスキー　チーフセキュリティエヴァンゲリスト　前田典彦様
マクニカネットワークス株式会社　主任技師　凌《しのぎ》　翔太様
株式会社イード　ScanNetSecurity発行人　高橋潤哉様

本書の執筆にあたり、助言を与えてくれた江添佳代子さんに感謝します。本書の改稿にあたり尽力いただいた平野さん、ありがとうございました。おかげさまで無事に完成しました。折に触れ励ましとアドバイスをくださった佐倉さくさんにも助けられました。

最後に、本書を手にとってくださったみなさんに、お礼を申し上げます。

あとがき

本書は、一昨年上梓した『サイバーセキュリティ読本』を補完するものです。ご家庭のお父さま、お母さまを読者に想定し、書き下ろしました。

サイバーセキュリティを巡る諸事情は日進月歩ですが、もっとも怖いものは前著から変わっていませんでした。ソーシャルネットワークとアンドロイドのスマホです。どちらも世界有数の大企業が中心となっているものです。改善できないはずがありません。する気がないのです。本編に書いたように、「安全性よりも、利便性を優先した方が都合がいい」という事情がソーシャルネットワークとアンドロイドのスマホがいつまで経っても危険なままということにつながっています。

これからのことを考えると、暗澹たる気持ちになってしまいますが、それでも時代が変わるということは、よくなる可能性もあるのです。それを信じ、実現するために自らできることをやっていくしかありません。

本書が、みなさまのインターネットライフの一助になれば、これに勝るよろこびはありません。

旅先、厳寒の札幌にて　一田和樹

一田和樹（いちだ・かずき）

1958年東京生まれ。コンサルタント会社社長、プロバイダ常務取締役などを歴任後、日本初のサイバーセキュリティ情報サービスを開始。2006年に退任後、作家に。2010年にサイバーミステリ『檻の中の少女』で第3回ばらのまち福山ミステリー文学新人賞受賞。ほかに『サイバーテロ　漂流少女』『サイバークライム　悪意のファネル』『サイバーセキュリティ読本』『絶望トレジャー』『天才ハッカー安部響子と五分間の相棒』など。

公式ページ　http://www.ichida-kazuki.com/
一田和樹ツイッター　http://twitter.com/K_Ichida
一田和樹 bot ツイッター　http://twitter.com/ichi_twnovel
amazon 著者ページ　http://www.amazon.co.jp/一田和樹/e/B004VMHA1U/

ネットの危険《きけん》を正《ただ》しく知《し》る
ファミリー・セキュリティ読本《どくほん》

●

2015年3月25日　第1刷

著者…………一田和樹《いちだかずき》

装幀・本文AD…………mg-okada

発行者…………成瀬雅人
発行所…………株式会社原書房

〒160-0022 東京都新宿区新宿 1-25-13
電話・代表 03（3354）0685
http://www.harashobo.co.jp
振替・00150-6-151594

印刷・製本…………新灯印刷株式会社

ISBN978-4-562-05145-8, Printed in Japan